Administrator Praxis

Kleine Windows-Netzwerke

Nicole Laue

Administrator Praxis
Kleine Windows-Netzwerke

Verlag Nicole Laue

FSC
www.fsc.org
MIX
Papier aus verantwortungsvollen Quellen
Paper from responsible sources
FSC® C105338

Bibliografische Information der Deutschen Bibliothek:
Die Deutsche Bibliothek verzeichnet diese Publikation in der Deutschen Nationalbibliografie; detaillierte bibliografische Daten sind im Internet über http://dnb.ddb.de abrufbar.

Herstellung: BOD, Books on Demand, Norderstedt
Titelfoto: iStock.com/ BongkarnThanyakij
ISBN: 978-3-937239-91-0

Inhaltsverzeichnis

1 Vorüberlegungen

1.1 Unterschiede Client / Server

Wenn Sie sich entschlossen haben, Ihr Netzwerk selber einzurichten und zu betreiben, müssen Sie sich nun mit einigen grundsätzlichen Dingen beschäftigen.

Sie sind ein kleiner Betrieb, mit etwa 10-20 Mitarbeitern?

Dann sind Sie auf jeden Fall die Zielgruppe für dieses Buch. Wir werden uns mit „kleineren Netzwerken" beschäftigen, die am Betriebsort eingerichtet werden.

Größere Firmen haben andere Anforderungen, beispielsweise sind sie oftmals an mehreren Standorten verteilt und müssen deutlich mehr Arbeitsplätze bereitstellen.

Ein kleines Netzwerk dagegen ist an nur einem Standort, kann dadurch auch viel einfacher eingerichtet werden, als ein Netzwerk für eine große Firma.

Wir werden in diesem Buch durch alle Themen gehen, die für die Einrichtung eines Netzwerks von Bedeutung sind.

Je nachdem, wie Ihre Vorkenntnisse sind, wird Ihnen das eine oder andere Thema bekannt vorkommen, oder Sie haben sogar manche Dinge schon selber gemacht.

Auf jeden Fall empfehle ich Ihnen, sich mit allen Themen einmal zu beschäftigen, und sei es auch nur kurz, denn irgendwann einmal werden Sie alle Themengebiete benötigen.

Zunächst ist es wichtig, einige Begriffe zu klären, wie Client und Server.

1.1.1 Was ist ein Server?

Beginnen wir mit der Frage: Was ist ein Server?

Wörtlich übersetzt heißt „Server“ „Diener“ oder „Bediensteter“.

Eine der gebräuchlichsten Interpretationen ist:

„Ein Zentralcomputer, mit dem mehrere andere Computer verbunden sind.“

Damit sind wir am Kernpunkt angekommen.

Ein Server ist ein leistungsfähiger Computer, der eine zentrale Verwaltung für die anderen Computer darstellt. Diese anderen Computer sind die „Clients“, also die „Kunden“.

Damit ergibt sich also folgendes Bild:

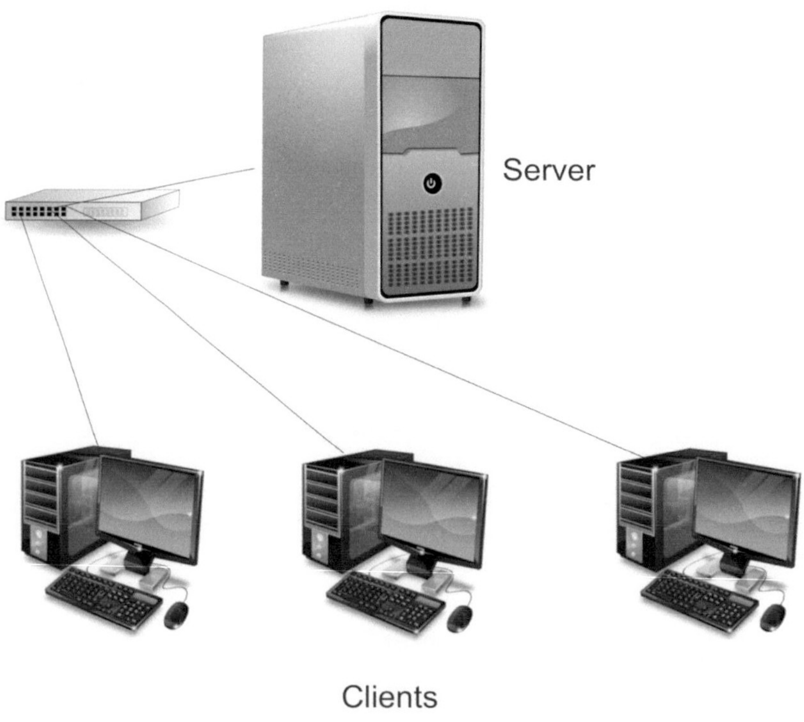

Abbildung 1.1: Server und Clients

Die Aufgaben des Servers, nämlich die zentrale Verwaltung, können viele verschiedene sein, angefangen vom Management der Anwender, über die Verwaltung benötigter Dienste, bis hin zur zentralen Verwaltung und Speicherung von Daten.

Die Clients dagegen sind die Arbeitsstationen, an denen die Benutzer sitzen und ihre Arbeit erledigen. Hier arbeiten sie mit den Programmen, erstellen Daten, wie beispielsweise Versandpapiere oder Briefe.

In einem funktionierenden Netzwerk werden immer mindestens ein Server und mehrere Clients benötigt.

1.2 Arbeitsgruppe oder Domäne

Eine weitere wichtige Überlegung, die Sie anstellen sollten, bevor Sie mit dem Netzwerk beginnen, ist die Frage nach der Architektur Ihres Netzwerks.

Sie können eine Arbeitsgruppe einrichten oder auch eine Domäne.

1.2.1 Arbeitsgruppe

Eine Arbeitsgruppe ist ein Zusammenschluss mehrerer gleichberechtigter Computer. Alle Computer sind über das Netzwerk miteinander verbunden.

Abbildung 1.2: Computer in einer Arbeitsgruppe

Arbeitsgruppen haben viele Vorteile:

- Der Zugriff auf Daten, die sich auf anderen Rechnern befinden, ist möglich
- Geräte, wie Drucker, können gemeinsam genutzt werden
- Der Zugang zum Internet kann für alle zur Verfügung gestellt werden

Aber leider haben Arbeitsgruppen auch einen gravierenden Nachteil.

Windows 10 erfordert eine Anmeldung.

Sie müssen Benutzername und Kennwort eingeben, um sich anmelden zu können.

Diese Daten werden nun mit den in einer Datenbank gespeicherten Daten verglichen und so wird festgestellt, ob Sie das Recht haben, sich anzumelden.

In einer Arbeitsgruppe ist diese Datenbank lokal auf jedem Computer gespeichert. Sie heißt Security Account Manager (SAM).

Abbildung 1.3: Lokal gespeicherte Konten

Wenn Sie nun Zugriff auf einen anderen Computer über das Netzwerk nehmen, wird auch auf diesem Computer überprüft, ob Sie das Recht haben, Ressourcen auf diesem Computer zu benutzen.

Aus diesem Grund müssen Ihre Benutzerinformationen nicht nur auf dem eigenen Computer gespeichert werden, sondern auch auf allen anderen Computern der Arbeitsgruppe, auf die Sie zugreifen möchten.

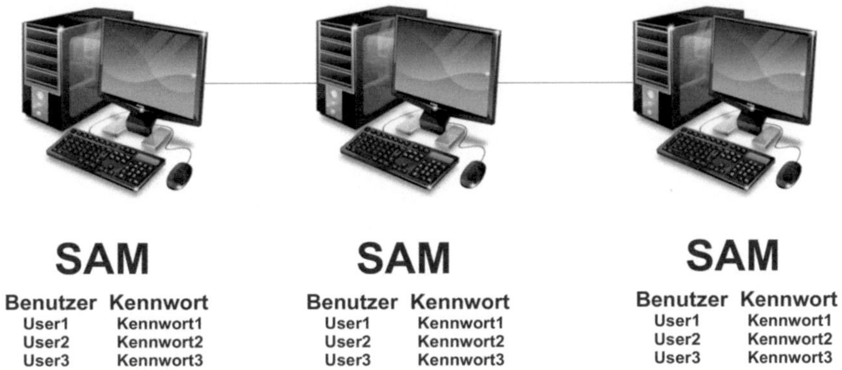

Abbildung 1.4: Konten auf allen Computern gespeichert

Diese Vorgehensweise ist natürlich eine große Fehlerquelle. Wenn Sie Ihr Kennwort ändern möchten, müssen Sie es auf allen Computern der Arbeitsgruppe ändern.

Eine Arbeitsgruppe ist aus diesem Grund nur für ein sehr kleines Netzwerk akzeptabel, die Größenordnung liegt bei etwa fünf Computern. Bei größeren Netzwerken ist der administrative Aufwand viel zu groß.

1.2.2 Domäne

In einer Domäne ist mindestens ein ausgewählter Computer dafür da, dass er eine Datenbank speichert, auf der alle Anmeldeinformationen aller Benutzer zentral gespeichert sind.

Dieser Computer muss ein Serverbetriebssystem haben, wie Windows Server. Er wird „Domänencontroller" genannt und beinhaltet den LDAP-konformen Verzeichnisdienst Active Directory.

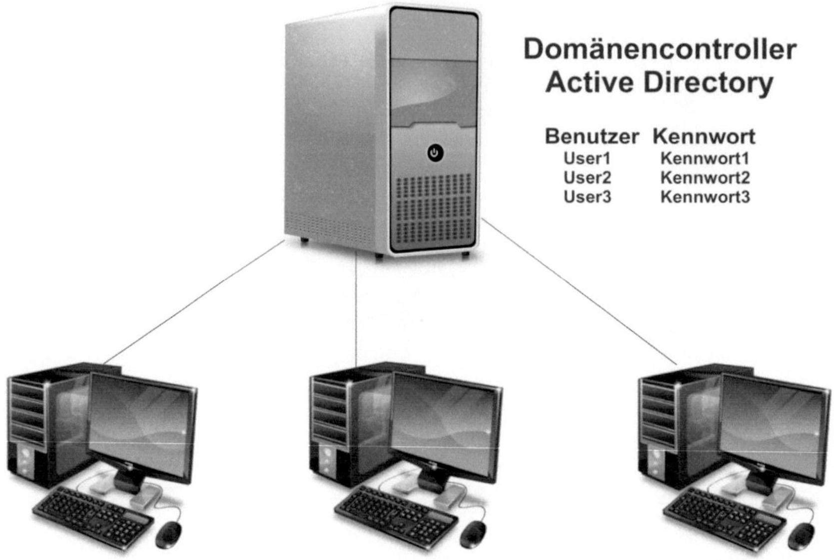

Abbildung 1.5: Die Domäne

Wenn eine Domäne eingerichtet worden ist, besteht die Möglichkeit, dass sich die Benutzer nicht lokal an der Maschine anmelden, also die Datenbank SAM benutzen, sondern sich „über das Netzwerk“ anmelden und die Datenbank des Active Directory benutzen.

Da sich in diesem Fall alle Benutzer an einer Datenbank verifizieren, entfällt das mehrfache Pflegen der Anmeldeinformationen.

Für größere Netzwerke ist die Domäne die einzig praktikable Möglichkeit.

1.3 Lösung in der Cloud oder selber hosten

Bevor wir in die Details einsteigen, sollten wir uns noch kurz mit einem Thema beschäftigen, das zurzeit überall diskutiert wird:

1.3.1 Cloud-Computing oder selber hosten?

Diese Frage ist brandaktuell, denn sogar Privatleute haben die Cloud für sich entdeckt, sie speichern dort Ihre Daten und tauschen sie mit anderen aus.

Zunächst stellen wir uns aber die einfache Frage:

Was ist Cloud-Computing?

Im Prinzip ist Cloud-Computing nichts anderes, als das Auslagern eines Teils der IT-Infrastruktur in das Internet.

Die Möglichkeiten sind vielfältig, man kann sowohl Speicherplatz, als auch Software oder ganze Server im Internet, also in der Cloud, betreiben.

Der Zugriff auf die Ressourcen in der Cloud erfolgt über eine Internetverbindung, die von den Clients aus aufgebaut wird, oft direkt aus dem Browser, zum Beispiel dem Internet Explorer.

Cloud-Computing kann in vielen Abstufungen genutzt werden.

Das Cloud-Computing wird immer als Dienstleistung gesehen, die Sie benutzen, der englische Begriff dafür ist „...as a service“, zum Beispiel die Dienste von Microsoft:

Infrastructure as a Service (IaaS)

In dieser Abstufung wird technische Infrastruktur in der Cloud benutzt, also beispielsweise Speicherplatz.

Es kann auch ein Server sein, der anstatt eines lokalen Servers benutzt wird, in diesem Fall wird meist ein Server in der Cloud gemietet.

Software as a Service (SaaS)

Wenn Sie sich für SaaS entscheiden, installieren Sie die Software nicht auf den einzelnen Computern, sondern Sie mieten die Software in der Cloud, auf die Sie dann über eine Internetverbindung zugreifen können.

Platform as a Service (PaaS)

Dies wird für Sie wenig Bedeutung haben, hier geht es um eine Plattform für das Entwickeln und Anbieten von Software.

Fast jeder kennt die bekanntesten Beispiele für Cloud-Computing. Das sind die Speicherlösungen in der Cloud, also Microsoft OneDrive, Google Drive oder Amazon CloudDrive und viele andere.

Hierbei mieten Sie Speicherplatz und können Ihre Daten in der Cloud speichern. Dies hat den großen Vorteil, dass Sie von überall aus auf die Daten zugreifen können, Voraussetzung ist lediglich eine Internetverbindung.

Natürlich sparen Sie Kosten, wenn Sie Ihre Daten in der Cloud speichern, denn Sie müssen die Hardware, die Sie dafür benötigen würden, nicht kaufen.

Normalerweise sind die Gebühren, die Sie meistens als Abo zahlen müssen, geringer, als die Kosten für die entsprechende Hardware.

Dabei entfällt auch das an die Hardware gebundene Kapital.

Um die Datensicherheit müssen Sie sich nicht kümmern, das heißt, Sie müssen sich keine Gedanken über Sicherungslösungen und Ähnliches machen.

Auch benötigen Sie niemanden, der sich um die Hardware kümmern muss, das spart Personalkosten.

Ein weiterer positiver Aspekt ist die gute Skalierbarkeit, bei einem Abo können Sie die Größe sehr einfach an Ihre tatsächlichen Bedürfnisse anpassen.

Natürlich hat Cloud-Computing auch Nachteile.

Sie binden sich an einen Anbieter. Sollte dieser Anbieter nachlässig mit Ihren Daten umgehen, kann das für Sie zum Problem werden.

Oder der Anbieter wird zahlungsunfähig, was passiert dann mit Ihren Daten?

Generell stellt die externe Speicherung von Daten ein potentielles Sicherheitsrisiko dar, Sie sollten den Dienstleister sehr gut auswählen.

Die Datenspeicherung auf einem Server in den USA unterliegt nicht den deutschen oder europäischen Datenschutzrichtlinien.

Ein weiteres Problem kann die Qualität der Internetverbindung sein, sollte das Internet ausfallen, haben Sie keinerlei Zugriff mehr auf Ihre Daten.

Diese Aufzählungen sind keineswegs vollständig, sie sollen Ihnen nur verdeutlichen, dass Sie in Ihre Entscheidung, ob Sie Cloud-Computing nutzen wollen, mehrere Faktoren mit einbeziehen sollten.

2 Infrastruktur

Die Infrastruktur ist die Grundausstattung, die Sie benötigen, um ein Netzwerk aufbauen zu können.

2.1 Analyse des Bedarfs

Bevor Sie losziehen und Hard- und Software einkaufen, sollten Sie zunächst sehr genau überlegen, was eigentlich genau Ihr Bedarf ist.

2.1.1 Anzahl der Mitarbeiter

Zunächst stellt sich die Frage: Wie viele Benutzer sollen im Netzwerk arbeiten?

Sind immer alle gleichzeitig im Büro oder haben Sie beispielsweise Kräfte, die sich einen Vollzeitarbeitsplatz teilen?

Planen Sie, in absehbarer Zeit weitere Mitarbeiter einzustellen?

Diese Fakten sind von großer Bedeutung für die Planung.

Nehmen wir an, Sie haben momentan 5 Mitarbeiter im Büro, drei davon arbeiten ganztags, ein Kollege arbeitet vormittags, einer nachmittags.

Dann benötigen Sie für diese 5 Mitarbeiter nur 4 Arbeitsplätze, da sich die beiden Halbtagskollegen nicht begegnen.

Oder haben Sie vielleicht Mitarbeiter, die direkt beim Kunden tätig sind, und nur ab und zu ins Büro kommen, dann aber einen Zugang zum Firmennetzwerk benötigen?

Damit können Sie ableiten, wie viele stationäre Arbeitsplatzrechner oder mobile Laptops Sie benötigen.

Jeder Arbeitsplatz benötigt auch einen Netzwerkanschluss.

2.1.2 Internetzugang

Der nächste Schritt ist der Internetzugang, den Sie zweifelsfrei benötigen.

In den meisten Fällen wird dieser durch einen Internetrouter von Ihrem Provider hergestellt.

Viele dieser Router haben direkte Anschlüsse für mehrere Geräte, was für Ihre Planung von großer Bedeutung ist.

Wenn Sie beispielsweise mit 6 Arbeitsplätzen, einem Server und zwei Druckern rechnen, sind das 9 Geräte, die im Netzwerk zusammengeschlossen werden müssen.

Meistens sind die Schnittstellen am Router auf etwa 4 begrenzt.

In diesem Fall müssen Sie erst noch ein weiteres Gerät zwischenschalten, um die Anzahl der Schnittstellen zu vergrößern, einen sogenannten Switch.

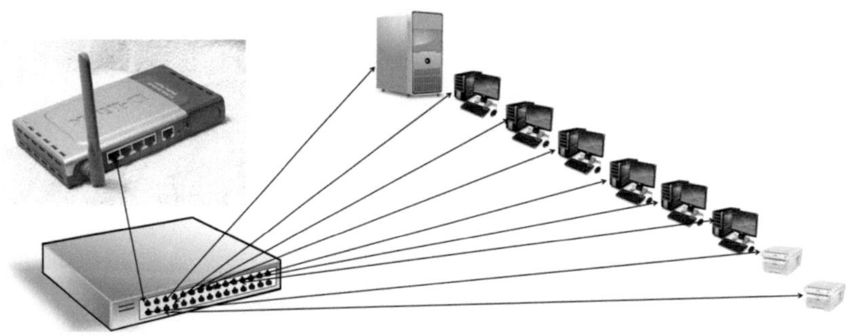

Abbildung 2.1: 9 Geräte

Wenn Sie sich für einen Switch entscheiden, sollten Sie ihn nicht zu klein dimensionieren.

Es ist besser, wenn Sie mehr Ports zur Verfügung haben, als Sie benötigen, damit Sie noch Raum für Änderungen haben.

Switche kaskadieren

Ein großer Vorteil von Switches ist, dass Sie zwei Switches hintereinander schalten können, falls Sie weitere Strecken überbrücken müssen.

Nehmen wir an, Sie möchten ein weiteres Büro einrichten, das von dem Internetrouter entfernt liegt, dann können Sie den bereits vorhandenen Switch mit allen angeschlossenen Geräten so belassen.

Sie schließen lediglich mit einem weiteren Kabel einen zweiten Switch an, an dem Sie dann alle Geräte im entfernten Büro anschließen können.

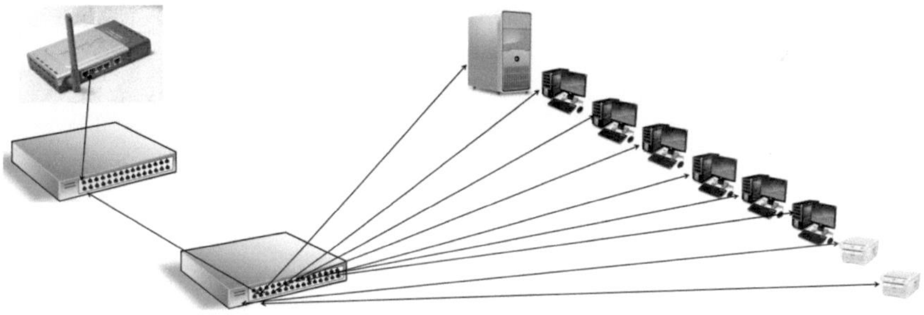

Abbildung 2.2: Switch kaskadieren

Sternförmige Verkabelung

Allerdings sollten Sie beachten, dass es für die Geschwindigkeit im Netzwerk immer besser ist, einen sternförmigen Ansatz zu benutzen, also im Zweifelsfall jeden benötigten Switch direkt am Router anzuschließen.

Bedenken Sie auch, dass ein handelsübliches Netzwerkkabel etwa bis zu 10 Meter lang sein kann.

Bei längeren Strecken bis zu 80 Metern empfiehlt sich ein fest verlegtes Kabel.

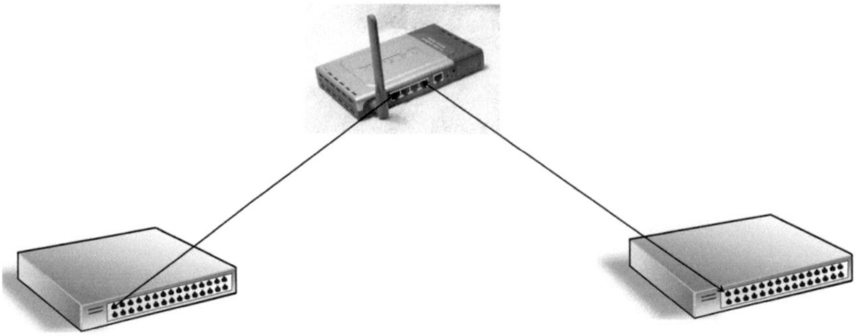

Abbildung 2.3: Sternförmige Verkabelung

2.1.3 W-LAN

Viele Internet Router haben auch eine Möglichkeit, zusätzlich zum LAN ein W-LAN einzurichten.

Damit können Sie sich den Aufwand für die Verkabelung sparen, und müssen auch keine Switches kaufen, Sie benutzen lediglich anstelle einer Netzwerkkarte eine W-LAN-Karte in den Geräten.

W-LAN ist nicht so leistungsfähig wie kabelgebundenes Ethernet, aber Sie können dadurch auch mobile Geräte, wie Notebooks und Smartphones, in Ihr Netzwerk einbinden.

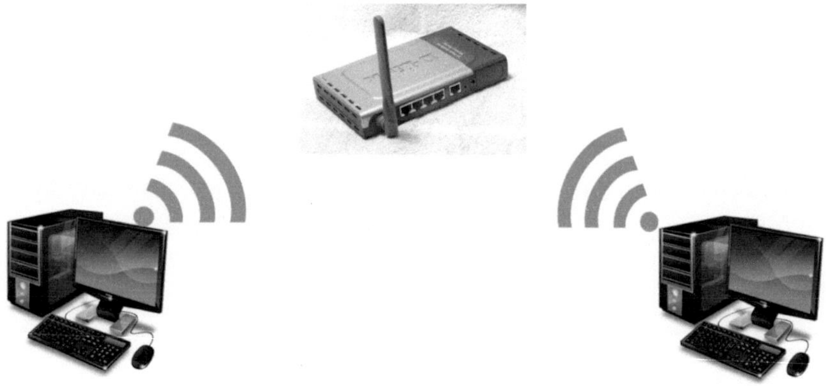

Abbildung 2.4: W-LAN

2.2 Hard- und Software Server

Der Einkauf von Hard- und Software für einen Server muss ebenfalls sorgfältig geplant werden.

In Ihrem Netzwerk werden Sie mindestens einen Server betreiben, deswegen müssen Sie sich über dessen Ausstattung im Vorfeld Gedanken machen.

Der Servermarkt bietet eine schier unüberschaubare Menge an Systemen an, die sich aber alle hauptsächlich durch folgende Kriterien unterscheiden:

- Leistungsfähigkeit
- Größe und Bauweise
- Ausfallsicherheit

2.2.1 Leistungsfähigkeit

Eigentlich ist es ganz einfach: Umso mehr Anwendungen oder Dienste laufen sollen, umso mehr Leistung wird benötigt.

Ein weiterer wichtiger Faktor ist, wie viele Benutzer auf den Server zugreifen sollen. Bei vielen gleichzeitigen Zugriffen sollte der Prozessor diese Last schnell abarbeiten können.

Bedenken Sie auch, dass die Anforderungen innerhalb der nächsten Jahre steigen können, und der Server erst nach einer gewissen Laufzeit wieder ausgetauscht werden sollte.

An dieser Stelle sollten Sie nicht sparen, und eine leistungsfähige CPU nehmen. Hier ist momentan als Beispiel der Intel Xeon – Prozessor zu nennen.

Informieren Sie sich aber immer aktuell, welche Prozessoren für einen Server empfohlen werden!

Zum Thema Arbeitsspeicher gilt auch: Mehr ist mehr.

Wenn Sie sehr rechenintensive Anwendungen benutzen, wie Datenbanken, dürfen Sie auf keinen Fall mit dem Arbeitsspeicher sparen. 16 GB sind das absolute Minimum, das Sie bereitstellen sollten.

Lassen Sie sich auf jeden Fall Raum für ein Speicherupgrade!

2.2.2 Größe und Bauweise

Die Größe und Bauweise des Servers sind auch Themen, mit denen Sie sich vor dem Kauf beschäftigen müssen.

Möchten Sie einen Server, der in einen Serverschrank eingebaut werden kann oder bevorzugen Sie ein Standgerät?

2.2.3 Ausfallsicherheit

Die Frage nach der Ausfallsicherheit ist in den meisten Fällen leicht zu beantworten:

Ein Server muss ausfallsicher sein.

Zu dieser Regel gibt es nur wenige Ausnahmen.

Deswegen müssen Sie auch noch im Vorfeld die Anschaffung einer USV (unterbrechungsfreie Stromversorgung) mit auf die To-Do-Liste setzen, genauso, wie Sie sich Gedanken über die Ausfallsicherheit der Festplatte machen sollten. Hier bietet sich in jedem Fall eine Spiegelung der Festplatte an, die bereits als RAID-Controller integriert ist.

Nachdem Sie nun eine Vorstellung haben, welche Hardware Sie benötigen, müssen Sie sich noch über das Serverbetriebssystem klar werden.

ACHTUNG!

Das aktuelle Serverbetriebssystem von Microsoft ist Windows Server 2019. Sie können auch den Server 2016 verwenden, er ist im Leistungsumfang dem neuesten System sehr ähnlich.

2.2.4 Serverversionen

Windows Server 2016 und 2019 gibt es in folgenden Versionen:

- Essentials
- Standard
- Datacenter

Die Unterschiede in den Versionen liegen in erster Linie in der Funktionalität.

Essentials

Das ist die Version für kleinere Unternehmen, die nur wenige Anforderungen haben.

Diese Version darf nur einmal installiert werden, entweder auf physischer Hardware oder virtuell.

Es können maximal 25 Benutzer oder 50 Geräte zugreifen.

Das RAM-Limit liegt bei 64 GB, Sie können maximal 2 CPU benutzen.

Es stehen nicht alle Funktionen der anderen Versionen zur Verfügung, wobei diese Funktionen in erster Linie für größere Unternehmen von Bedeutung sind.

Die Version „Essentials“ ist auch die günstigste Version, deswegen sollten Sie diese Version ins Auge fassen, wenn Sie nicht mehr als 25 Benutzer haben.

Standard

Diese Version ist für viele Unternehmen richtig, wenn nur wenig virtualisiert werden soll.

Mit der Standard Version können Sie innerhalb einer physischen Maschine zwei virtuelle Maschinen installieren.

Der Zugriff ist prinzipiell unbeschränkt, Sie müssen aber Zugriffslizenzen kaufen.

Das RAM-Limit liegt bei 24 TB, Sie können maximal 512 Prozessorkerne benutzen.

Auch hier stehen einige erweiterte Funktionen nicht zur Verfügung.

Enterprise

Diese Version ist richtig, wenn alle Funktionen benötigt werden und die Virtualisierung wichtig ist.

Mit der Enterprise Version können Sie innerhalb einer physischen Maschine eine unbegrenzte Anzahl virtueller Maschinen installieren.

Der Zugriff ist prinzipiell unbeschränkt, Sie müssen aber Zugriffslizenzen kaufen.

Das RAM-Limit liegt bei 24 TB, Sie können maximal 512 Prozessorkerne benutzen.

Hier stehen Ihnen alle erweiterten Funktionen zur Verfügung.

Hardwareanforderungen

Um Windows Server 2016 oder 2019 installieren zu können, müssen Sie folgende Hardwareanforderungen erfüllen:

Komponente	**Mindestanforderung**
Prozessor	1.4 GHz
Arbeitsspeicher	512 MB
Freier Platz auf Festplatte	32 GB

Sie sollten immer bedenken, dass dies die absoluten Mindestanforderungen sind, und Sie das System deutlich beschleunigen können, wenn Sie diese Anforderungen übertreffen.

2.3 Hard- und Software Clients

Auch die Clients benötigen eine aktuelle Hardware, hier sollten Sie viel Wert auf leise Geräte legen, denn ein Büroalltag mit einem Rechner mit lautem Lüfter oder lauter Festplatte ist unerträglich.

Da Sie als Clientbetriebssystem mit großer Wahrscheinlichkeit Windows 10 benutzen werden, betrachten wir zunächst die minimalen Hardwarevoraussetzungen:

Komponente	**Mindestanforderung**	
	32-bit	**64-bit**
Display	7-Zoll-	7-Zoll-
Auflösung:	800 x 600	800 x 600
Prozessor	1 GHz	1 GHz
Arbeitsspeicher	1 GB	2 GB
Freier Platz auf Festplatte	16 GB	20 GB
Grafikkarte	DirectX 9 mit WDDM 1.0	DirectX 9 mit WDDM 1.0

Natürlich ist es eine bekannte Regel, dass alle Systeme, also auch Windows 10, schneller laufen, wenn die Hardware diese Anforderungen übertrifft. Wenn Sie einen neuen Rechner kaufen, sollten Sie diese Anforderungen als das absolute Minimum betrachten und versuchen, gerade im Bereich Arbeitsspeicher diese Werte zu übertreffen.

Bevor Windows 10 installiert werden kann, müssen Sie sich Gedanken über die Anforderungen an das zukünftige System machen.

Versionen von Windows 10

Windows 10 gibt es in verschiedenen Ausführungen:

Windows 10 Home

Windows 10 Home ist die Basis, die die wichtigsten Funktionen beinhaltet, allerdings nicht für den Einsatz im Unternehmen gedacht ist.

Windows 10 Pro

Windows 10 Pro enthält viele Funktionen, die für den professionellen Einsatz im Unternehmen gedacht sind, wie die Domänenaufnahme.

Windows 10 Enterprise

Windows 10 Enterprise hat alle Funktionen, die zur Verfügung gestellt werden können, insbesondere die Funktionen, die für größere Unternehmen wichtig sind, wie BranchCache und DirectAccess.

Windows 10 Education

Windows 10 Education hat die gleichen Funktionen wie Windows 10 Enterprise, ist aber ausschließlich für Schulungsunternehmen gedacht.

Windows 10 IoT Core

Das ist eine Version von Windows 10, die für kleinere Geräte mit oder ohne Display gedacht ist.

Windows 10 Mobile

Dies ist das Windows 10 für Smartphone für Privatanwender.

Windows 10 Mobile Enterprise

Windows 10 Mobile Enterprise hat verbesserte Funktionen für Smartphones im professionellen Umfeld.

In dieser Tabelle können Sie die verschiedenen Funktionen sehen, die in den wichtigsten Versionen zur Verfügung stehen.

	Windows 10 Home	**Windows 10 Pro**	**Windows 10 Enterprise**	**Windows 10 Education**
Domänen-beitritt		X	X	X
Azure Domänen-beitritt		X	X	X
Gruppen-richtlinien		X	X	X
BitLocker		X	X	X
Remote Desktop		X	X	X
Business Store		X	X	X
DirectAccess			X	X
Windows To Go			X	X
Applocker			X	X
BranchCache			X	X

3 Grundlagen TCP/IP

3.1 Wie kommunizieren Computer?

Bevor wir endlich beginnen können, die Computer zu installieren und einzurichten, müssen wir überlegen, wie Computer überhaupt miteinander kommunizieren.

Nun, die Antwort ist einfach:

Computer kommunizieren über die Netzwerkverkabelung oder über W-LAN, und benutzen dabei Protokolle.

3.1.1 Was sind Protokolle?

Der Begriff „Protokoll" ist aus vielen alltäglichen Situationen bekannt. Als Beispiel sei hier das „diplomatische Protokoll" genannt oder auch das „Sternenflottenprotokoll", das allen Treckies bekannt sein dürfte.

In jedem Fall handelt es sich bei all diesen „Protokollen" um Vereinbarungen, wie die Kommunikation stattfinden soll.

Gerade bei diplomatischen Anlässen ist es von größter Bedeutung, dass alle Beteiligten, egal woher sie kommen, eine genaue Vorstellung haben, wie der Ablauf jeder Kommunikation stattzufinden hat. Oftmals ist die Sprachenbarriere zu überwinden und ohne genaue Definition der Vorgehensweise kann es hier leicht zu Fehlinterpretationen kommen.

Auch in der EDV erfüllt ein Protokoll genau den gleichen Zweck:

Die Art, wie zwei Computer ihre Daten austauschen, wird vorher genau festgelegt, damit es zu keinerlei Irrtümern kommen kann. Natürlich muss dieses Protokoll auf beiden Seiten der Kommunikation bekannt sein, damit sich beide Stellen an die Vereinbarungen halten können.

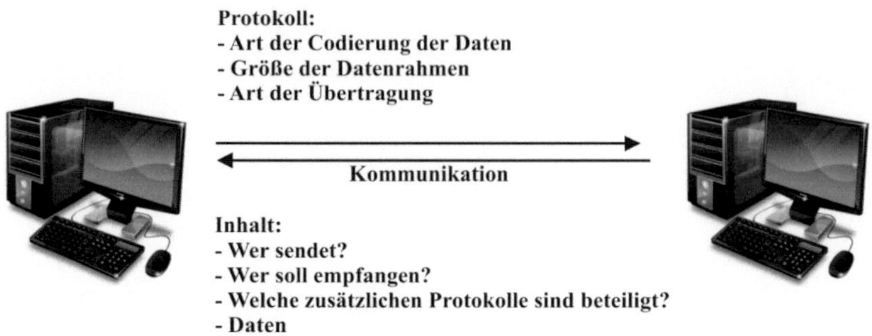

Abbildung 3.1: Prinzip der Protokolle

Mit den Protokollen wird festgelegt:

- Die Art der Codierung der Daten
- Die Größe der Datenrahmen
- Die Art der Übertragung

Inhalt der Kommunikation sind folgende Komponenten:

- Wer sendet?
- Wer soll empfangen?
- Welche zusätzlichen Protokolle sind an der Kommunikation beteiligt?
- Daten

Sie sehen, die eigentliche Datenübertragung ist nur ein kleiner Teil der Kommunikation. Natürlich müssen auch zusätzliche Informationen übertragen werden, damit eine Kommunikation stattfinden kann.

3.2 Die IP-Adressen

Über Protokolle wird die Übertragung geregelt.

Aber es stellt sich die Frage, wie diese Daten an den jeweiligen Computer zugestellt werden?

Jeder Computer benötigt eine IP-Adresse, an die das Datenpaket gesendet werden kann.

Eine IP-Adresse ist mit einer Postadresse vergleichbar.

Bei einer Postadresse gibt es eine Straße und eine Hausnummer.

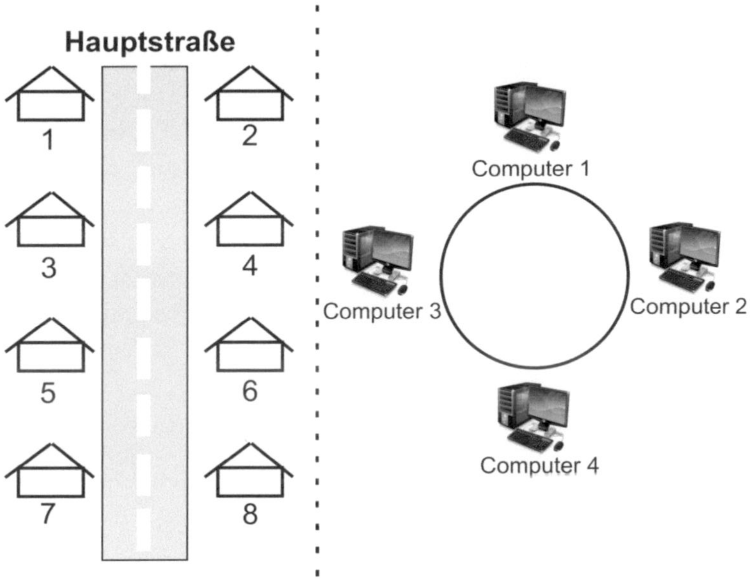

Abbildung 3.2: Postadresse – IP-Adresse

IP-Adressen bestehen ebenfalls aus zwei Komponenten:

- Netzwerkanteil
- Hostanteil

Der Netzwerkanteil entspricht in etwa dem Adressteil „Straße“, der Hostanteil in etwa dem Adressteil „Hausnummer“.

An dieser Stelle möchte ich Ihnen nur einen groben Überblick über den Aufbau der IP-Adressen geben, denn die Theorie dahinter ist sehr komplex.

Aber um ein kleines Netzwerk einzurichten, reichen auch einfache Kenntnisse.

Generell ist es so, dass IP-Adressen sich aus 4 Zahlenblöcken zusammensetzen, deren Werte zwischen 0 und 255 liegen.

Diese Schreibweise ist allerdings nicht die Art, wie der Computer intern arbeitet, er kann nur „0“ oder „1“ erkennen. Deswegen sind die Zahlen intern auch in binärer Schreibweise dargestellt.

Aber da wir Menschen mit dem binären System nicht so gut umgehen können, wird uns die IP-Adresse in dezimaler Schreibweise dargestellt.

Jeder Zahlenblock wird auch „Oktett“ genannt, da in binärer Schreibweise bis zu acht Stellen möglich sind.

Die Werte zwischen 0 und 255 ergeben sich daraus, dass die größte Zahl, die mit 8 Bit dargestellt werden kann, die 255 ist (binäre Schreibweise: 11111111).

Als die IP-Adressierung entwickelt wurde, war man sehr darauf bedacht, die verschiedenen IP-Adressen gut zu strukturieren. Aus diesem Grunde wurden verschiedene Adressklassen geschaffen.

Nun stellt sich die wichtige Frage, wie kann man bei einer IP-Adresse, die aus 4 Zahlenblöcken (Oktetten) besteht, feststellen, welcher Anteil der Netzwerkanteil ist und welcher der Hostanteil?

Nun, dafür benötigt man eine zweite Information, die die 4 Zahlenblöcke in Netzwerkanteil und Hostanteil unterteilt.

Dies ist die Subnetzmaske

Die Subnetzmaske besteht ebenfalls aus 4 Zahlenblöcken, normalerweise sind die Werte dieser Zahlenblöcke entweder 255 oder 0.

Betrachten wir eine beliebige IP-Adresse:

192	168	1	14

Darunter schreiben wir die Subnetzmaske:

255	255	255	0

Nun müssen Sie sich nur eine einzige Regel merken:

- Der Anteil der IP-Adresse, bei dem die Subnetzmaske 255 ist, entspricht dem Netzwerkanteil
- Der Anteil der IP-Adresse, bei dem die Subnetzmaske 0 ist, entspricht dem Hostanteil

Schon haben wir eine gültige IP-Adresse, die in einem Netzwerk eindeutig zugeordnet werden kann.

Einige Regeln gibt es noch zu beachten:

In einem Netzwerk muss der Netzwerkanteil bei allen Rechnern gleich sein.

Wenn Sie ein kleines Netzwerk aufbauen, werden Sie alle Computer am Internetrouter anschließen, also befinden sich alle Rechner innerhalb eines einzigen Netzwerks.

In diesem Fall muss der Netzwerkanteil aller Rechner natürlich identisch sein, da sie sich sonst gegenseitig nicht erreichen können.

Die erste Zahl des Netzwerkanteils darf nicht 127 sein

Dies ist eine Sonderregelung, die Zahl 127 ist für das Testen der Protokolle reserviert, darf also nicht für eine gültige IP-Adresse verwendet werden.

Der Hostanteil darf nicht nur aus Nullen oder aus Wiederholungen des Wertes 255 bestehen

Der Hostanteil ist immer der Wert, der über den Bytes der Subnetzmaske mit dem Wert 0 steht.

Auch das ist eine Sonderregelung, die sich aus der internen Umrechnung der Zahlen ins binäre Format ergibt.

3.3 Die IP-Adressklassen

Betrachten wir nun die IP-Adressklassen.

Wir wissen bereits, dass eine IP-Adresse mithilfe der Subnetzmaske in den Netzwerk- und den Hostanteil unterteilt wird.

Nun gibt es aber unterschiedliche Anforderungen, und auch unterschiedlich große Netzwerke.

In Ihrem kleinen Netzwerk werden Sie nicht so viele Hosts, also Endgeräte benötigen, aber es gibt auch sehr große Netzwerke, in denen eine großen Anzahl an Rechner eine gültige IP-Adresse benötigen.

Deswegen wurde bereits bei der Definition des Protokolls IPv4 geregelt, dass es verschiedene Adressklassen gibt, die eine unterschiedliche Anzahl an Hosts beherbergen können.

Die Klasseneinteilung geht von A bis E

3.3.1 Klasse A

Ein Netzwerk der Klasse A hat im ersten Oktett immer einen Zahlenwert zwischen 1 und 126, die Oktette 2 bis 4 sind beliebig.

Außerdem ist die Subnetzmaske eines Klasse A Netzes immer 255.0.0.0.

IP-Adresse: **1-126.X.Y.Z**
Subnetzmaske: **255.0.0.0**

Wie wir bereits wissen, gibt die Subnetzmaske an, welcher Teil der IP-Adressen der Netzwerkanteil und welcher Teil der Hostanteil ist.

In einem Klasse A Netz ist es immer folgendermaßen:

Netzwerkanteil	Hostanteil	Hostanteil	Hostanteil
1-126	X	Y	Z

Subnetzmaske:

255	0	0	0

In einem Klasse A Netzwerk ist nur Oktett der Netzwerkanteil, das zweite, dritte und vierte Oktett stehen für den Hostanteil.

Aus diesem Grund gibt es weltweit genau 126 Klasse A Netzwerke. In einem Klasse A Netzwerk kann es über 16.000.000 Hosts geben, was natürlich nicht realistisch ist, da bei dieser Anzahl von Hosts der Broadcast nicht mehr verwaltbar wäre.

Bei Klasse A Netzwerken gibt es eine Besonderheit: Das erste Byte darf nicht 127 sein, obwohl diese Zahl in das Schema passen würde.

Alle diese Adressen sind ausgenommen, da sie für Testzwecke benutzt werden.

3.3.2 Klasse B

Ein Klasse B Netzwerk ist immer nach folgendem Schema aufgebaut:

IP-Adresse: **128-191.X.Y.Z**

Subnetzmaske: **255.255.0.0**

Auch hier können wir aus den obigen Angaben erkennen, welche Bytes der Netzwerkanteil und welche der Hostanteil sind.

Netzwerkanteil	Netzwerkanteil	Hostanteil	Hostanteil
128-191	X	Y	Z

Subnetzmaske:

255	255	0	0

In einem Klasse B Netzwerk sind die ersten beiden Oktette der Netzwerkanteil, das dritte und vierte (Oktett) stehen für den Hostanteil.

Aus diesem Grund gibt es weltweit mehr als 16.000 Klasse B Netzwerke. In einem Klasse B Netzwerk kann es über 65.000 Hosts geben. Auch dieser Wert ist noch sehr hoch.

3.3.3 Klasse C

Ein Klasse C Netzwerk ist immer nach folgendem Schema aufgebaut:

IP-Adresse: **192-223.X.Y.Z**
Subnetzmaske: **255.255.255.0**

Auch hier können wir aus den obigen Angaben erkennen, welche Bytes der Netzwerkanteil und welche der Hostanteil sind.

Netzwerkanteil	Netzwerkanteil	Netzwerkanteil	Hostanteil
192-223	X	Y	Z

Subnetzmaske:

255	255	255	0

In einem Klasse C Netzwerk sind die ersten drei Bytes (das erste, zweite und dritte Oktett) der Netzwerkanteil, das vierte Byte (Oktett) steht für den Hostanteil.

Aus diesem Grund gibt es weltweit mehr als 2.000.000 Klasse C Netzwerke. In einem Klasse C Netzwerk kann es 254 Hosts geben. Dieser Wert ist in der Praxis gebräuchlich und einsetzbar.

3.3.4 Klasse D

Jedes Klasse D Netzwerk sieht folgendermaßen aus:

IP-Adresse: **224-239.X.Y.Z**
Subnetzmaske: **255.255.255.255**

Auch hier können wir aus den obigen Angaben erkennen, welche Bytes der Netzwerkanteil und welche der Hostanteil sind.

Netzwerkanteil	Netzwerkanteil	Netzwerkanteil	Netzwerkanteil
224-239	X	Y	Z

Subnetzmaske:

255	255	255	255

Diese Netzwerke haben also keinen Hostanteil, alle vier Bytes (Oktette) stellen den Netzwerkanteil dar.

Dieses Phänomen wird für die sogenannten Multicastadressen benötigt.

Multicast ist eine Art der Kommunikation, wobei mehrere Rechner zu einer Multicastgruppe zusammengefasst werden. Dafür erhalten Sie zusätzlich zu ihrer individuellen IP-Adresse noch eine gemeinsame Multicastadresse.

3.3.5 Klasse E

Zuletzt betrachten wir noch die Klasse E Netzwerke. Sie sind alle nach folgendem Schema aufgebaut:

IP-Adresse: **240-247.X.Y.Z**

Subnetzmaske: **255.255.255.255**

Auch hier können wir aus den obigen Angaben erkennen, welche Bytes der Netzwerkanteil und welche der Hostanteil sind.

Netzwerkanteil	Netzwerkanteil	Netzwerkanteil	Netzwerkanteil
240-247	X	Y	Z

Subnetzmaske:

255	255	255	255

Diese Netzwerke haben also keinen Hostanteil, alle vier Bytes (Oktette) stellen den Netzwerkanteil dar.

Dieser Adressbereich ist reserviert für zukünftige Anwendungen.

Hier noch mal alle Adressklassen in einer Zusammenfassung:

Klasse	**Bereich des ersten Bytes**	**Ca. Netzwerke weltweit**	**Ca. Anzahl der möglichen Hosts**
A	1-126	126	16.000.000
B	128-191	16.000	65.000
C	192-223	2.000.000	254
D	224-239	15	--
E	240-247	7	--

3.3.6 Private Netzwerke

Ein Teil dieser IP-Adressen ist aber für den offiziellen Bereich ausgenommen.

Die IANA (Internet Assigned Numbers Authority), eine Einrichtung zur Vergabe der Internet Adressen, hat beschlossen, dass alle Unternehmen die Möglichkeit haben sollten, intern einen IP-Adressbereich zu benutzen, der im Internet nicht sichtbar ist. Diese Adressen können im privaten Netzwerk uneingeschränkt benutzt werden, können dort geroutet werden und haben die volle Funktionalität, jedoch werden sie im Internet nicht benutzt und können auch im Internet nicht geroutet werden.

Diese Adressbereiche sind folgende:

Klasse	**Bereich**
A	**10**.0.0.0 bis **10**.255.255.255
B	**172.16**.0.0 bis **172.31**.255.255
C	**192.168**.0.0 bis **192.168**.255.255

Wahrscheinlich werden Sie sich für Ihr kleines Netzwerk für eine dieser privaten IP-Adressen der Klasse C entscheiden, denn Sie werden kaum mehr als 254 Rechner benötigen.

4 Einrichten des Domänencontrollers

4.1 Die Installation

Nun ist es soweit, Sie haben die Hardware, Sie haben die Software und können loslegen mit der Installation von Windows Server 2019.

Da wir in diesem Beispiel von einem kleinen Netzwerke mit nicht mehr als 25 Benutzern ausgehen, habe ich mich für die Installation der Version „Essentials“ entschieden.

Die Installation der anderen Varianten funktioniert aber identisch.

4.1.1 Installation des Windows Servers

Die Installation ist sehr einfach. In den meisten Fällen werden Sie eine Installation von der DVD durchführen.

Dafür legen Sie die Installations-DVD ein und starten von dieser DVD. Eventuell müssen Sie das BIOS dafür anpassen.

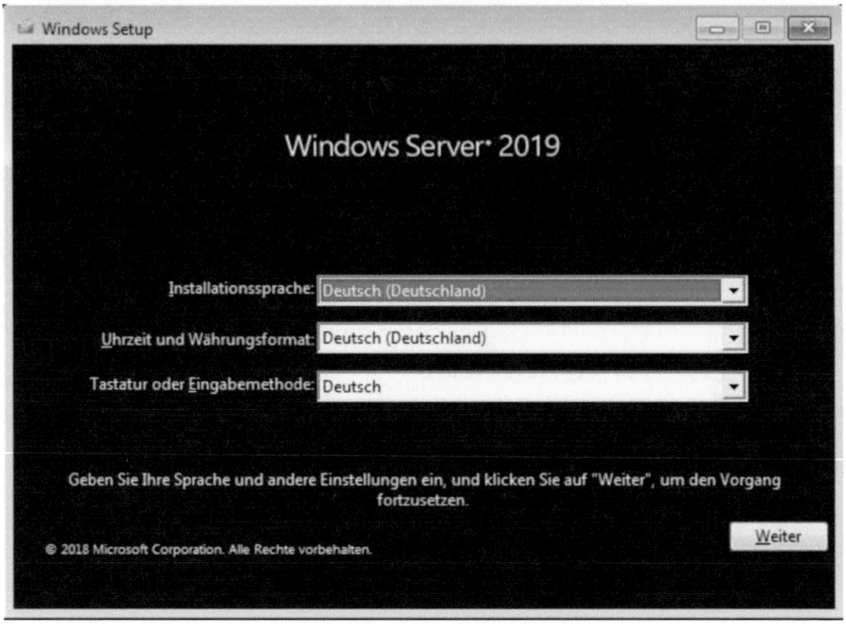

Abbildung 4.1: Installationsstart

Es dauert nicht lange, bis das erste Auswahlfenster erscheint. Hier können Sie die Installationssprache wählen, das ist in unserem Fall „Deutsch-Deutschland".

Die „Uhrzeit und Währungsformat" können Sie auf Ihre persönlichen Bedürfnisse anpassen, genauso „Tastatur oder Eingabemethode".

Wenn Sie mit der Auswahl zufrieden sind, klicken Sie auf „Weiter".

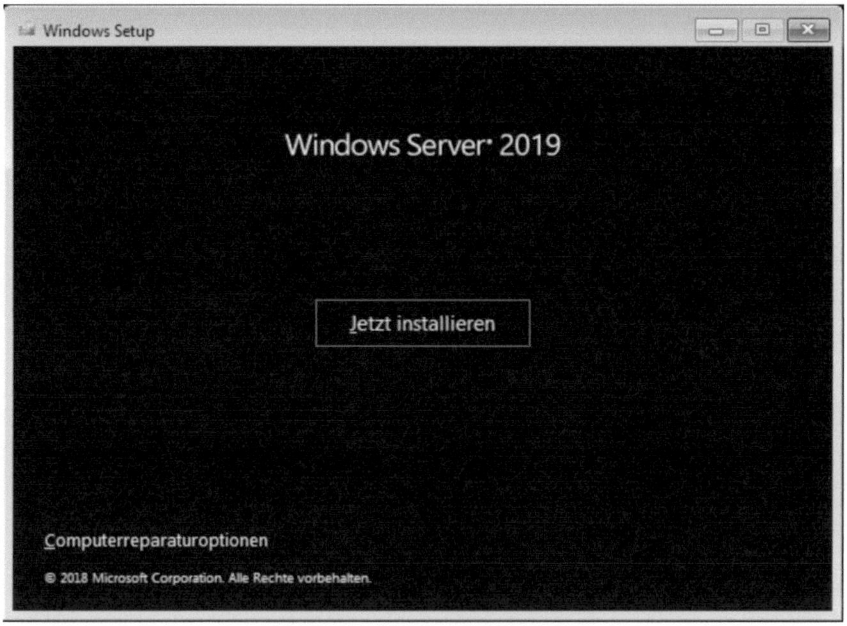

Abbildung 4.2: Jetzt installieren

An dieser Stelle haben Sie auch die Möglichkeit, diverse Reparaturoptionen zu starten, aber natürlich erst, wenn Sie bereits eine fertige Installation haben.

Deswegen sind diese Funktionen für die Erstinstallation nicht relevant. Klicken Sie auf „Jetzt installieren“.

Nun wird der Product Key abgefragt.

Abbildung 4.3: Abfrage Product Key

Im nächsten Schritt müssen Sie die Lizenzbedingungen akzeptieren.

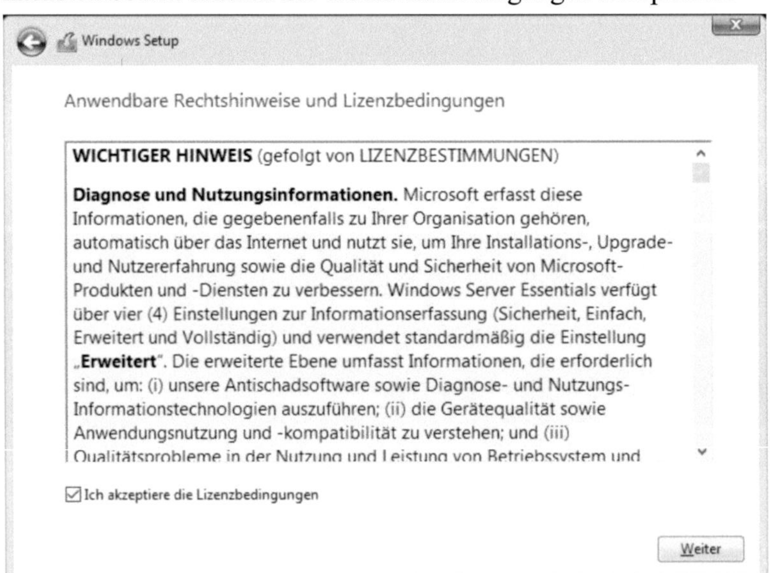

Abbildung 4.4: Lizenzbedingungen

Danach wählen Sie, ob Sie ein Upgrade machen möchten oder eine komplette Neuinstallation.

Abbildung 4.5: Upgrade oder Neuinstallation

Ein Upgrade kommt natürlich nur infrage, wenn Sie bereits eine vorherige Version installiert haben. Das ist bei einer Neuinstallation nicht der Fall, deswegen wählen Sie die Auswahl „Benutzerdefiniert".

Das nächste Fenster fordert Sie auf, eine Partition für die Installation zu wählen.

Es wird Ihnen automatisch der zur Verfügung stehende Speicherplatz auf der Festplatte angeboten.

Sie können auch eine neue Partition in einer gewünschten Größe erstellen, dafür klicken Sie auf „Neu" und geben die gewünschte Größe an. Diese Partition können Sie dann formatieren und danach benutzen.

Wenn Sie keine Standard-Hardware benutzen, kann es passieren, dass das Windows Setup nicht sofort eine Festplatte erkennt und diese auch nicht anzeigt. In diesem Fall fehlen häufig die Treiber, und eine eingebaute Festplatte kann nicht benutzt werden.

Wenn das passiert, klicken Sie auf „Treiber laden“.

Sie werden dann aufgefordert, einen Datenträger mit den benötigten Treibern einzulegen. Diese können Sie dann einfach installieren und im Setup wird dann eine Festplatte angezeigt.

In diesem Beispiel lassen Sie alles in der Standardeinstellung und klicken auf „Weiter“.

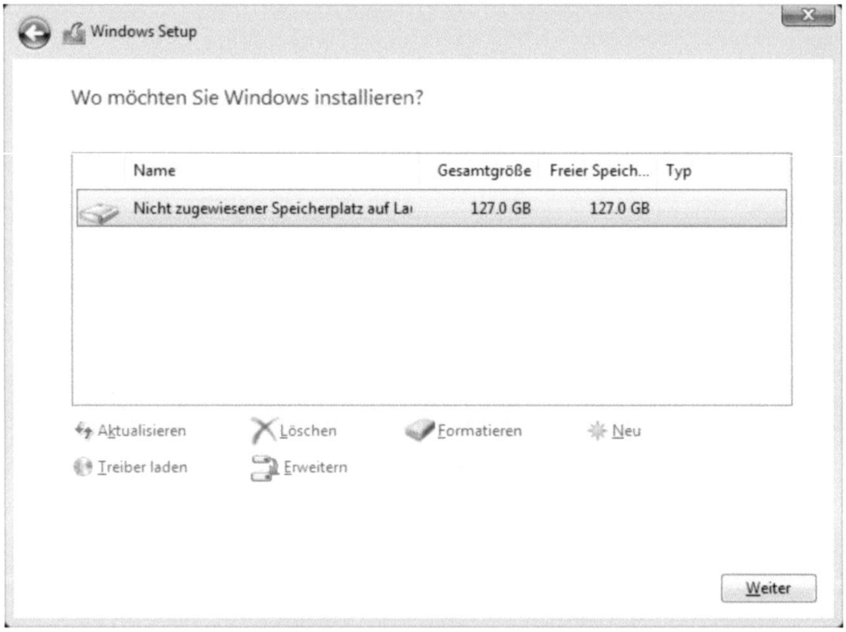

Abbildung 4.6: Auswahl Partition

Nun werden die Daten kopiert und Windows Server wird installiert.

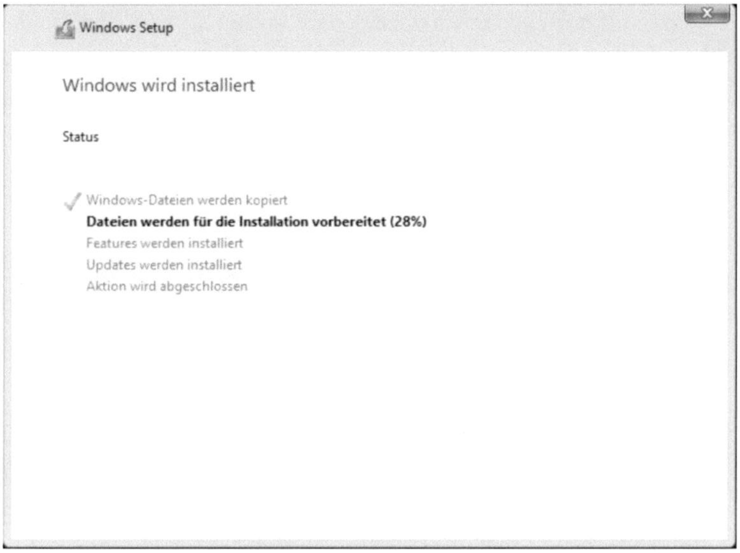

Abbildung 4.7: Installation

Dies dauert einige Minuten.

Nach einem Neustart müssen Sie noch das Administratorkennwort angeben.

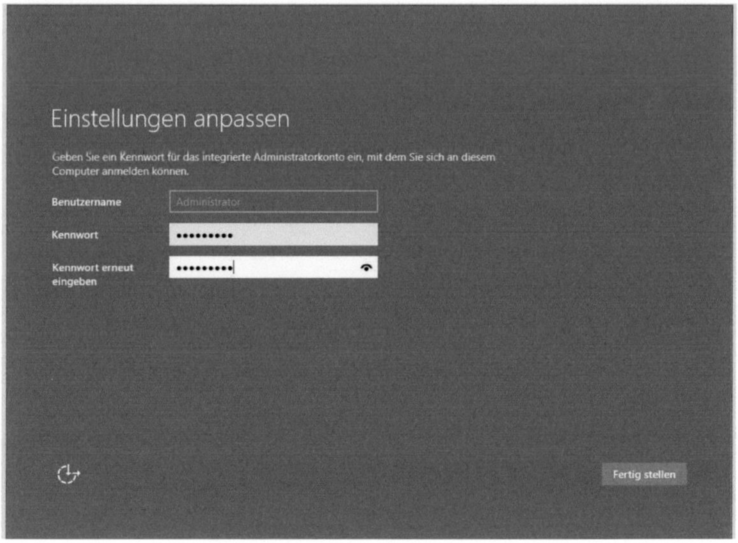

Abbildung 4.8: Einstellungen

Kennwörter sollen nicht zu kurz sein, und sollen sowohl Groß- als auch Kleinbuchstaben und mindestens eine Zahl enthalten.

Danach können Sie sich am Server anmelden.

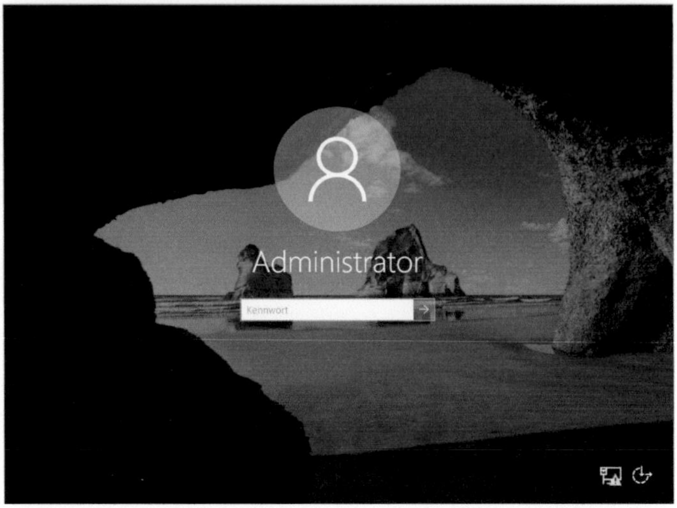

Abbildung 4.9: Anmeldung

Der erste Bildschirm startet.

Abbildung 4.10: erster Start

Damit ist der Server einsatzfähig.

4.2 Die Grundkonfiguration nach der Installation

Nach der Installation ist der Server noch völlig unkonfiguriert, das bedeutet, dass Sie eine Grundkonfiguration vornehmen müssen.

Diese erste Konfiguration können Sie sehr einfach im Server-Manager vornehmen.

In den meisten Fällen ist der Server-Manager bereits automatisch geöffnet, sollte das das nicht der Fall sein, klicken Sie auf den Startbutton und wählen „Server-Manager“.

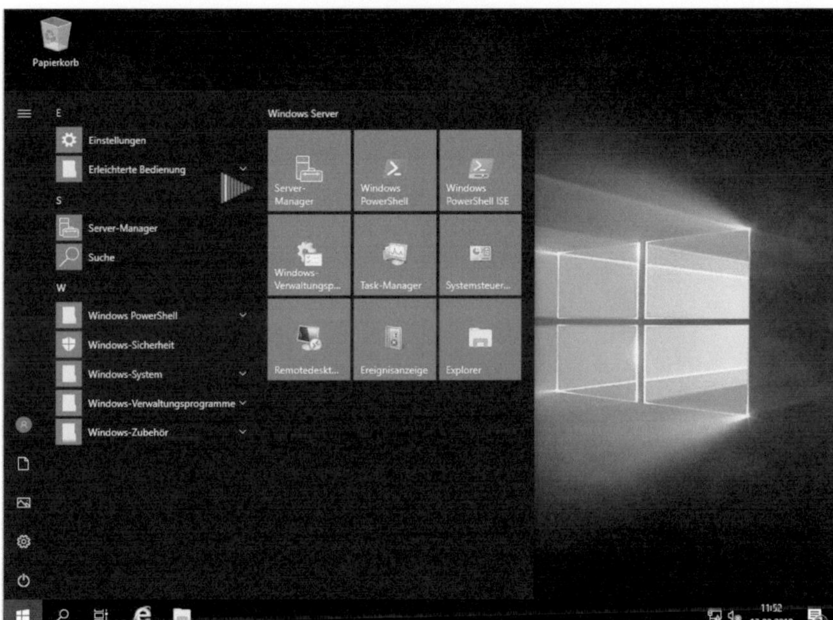

Abbildung 4.11: Starten des Server-Managers

Beim Öffnen des Server-Managers erhalten Sie eine Meldung, die besagt, dass Sie die Konfiguration auch im Windows Admin-Center vornehmen können.

Abbildung 4.12: Windows Admin Center

Das ist eine Neuerung von Windows Server 2019, diese Auswahl erhalten Sie bei einem Server 2016 nicht.

Sie können dieses Fenster aber problemlos schließen, denn die Konfiguration können Sie auch ohne das Windows Admin Center vornehmen.

Klicken Sie auf „Diesen lokalen Server konfigurieren".

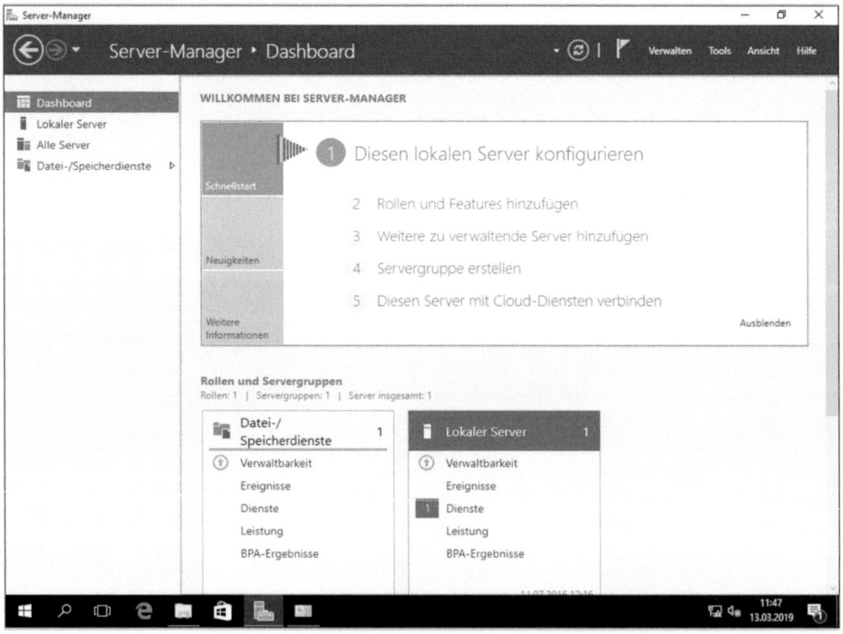

Abbildung 4.13: Den lokalen Server konfigurieren

Nun erhalten Sie eine Übersicht, in der Sie die wichtigsten Konfigurationsschritte vornehmen können.

Fürs Erste beschränken wir uns auf das Ändern der wichtigsten Einstellungen: Computername und IP-Adresse.

Bei der Installation erhält der Computer einen zufälligen Namen, den sich in den meisten Fällen keiner merken kann.

Deswegen ist es sinnvoll, einen aussagekräftigen Namen zu wählen.

Dazu klicken Sie auf „Computername“.

Es öffnet sich ein Fenster mit den „Systemeigenschaften“.

Im unteren Teil des Fensters finden Sie die Aussage „Klicken Sie auf „Ändern“, um diesen Computer umzubenennen oder dessen Domäne oder Arbeitsgruppe zu ändern“.

„Ändern“ ist also die richtige Schaltfläche, auf die Sie klicken.

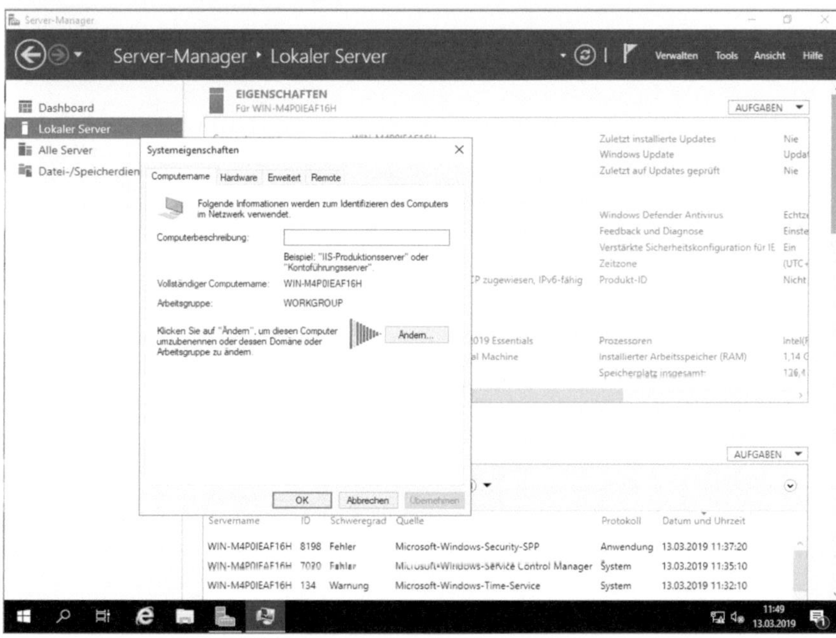

Abbildung 4.14: Computername ändern

Nun kann der Name geändert werden.

Nach dieser Konfigurationsaktion ist ein Neustart zwingend!

Öffnen Sie den Server-Manager wieder, damit Sie weitere Konfigurationseinstellungen durchführen können.

Eine zweite Grundkonfiguration ist das Einstellen der IP-Adressierung. Ein Server sollte immer eine statische IP-Adresse haben, nach der Installation ist das leider nicht der Fall.

Auf statische und dynamische IP-Adressierung gehen wir noch genauer ein.

Also müssen Sie die IP-Adresse auf eine gewünschte statische Adresse ändern.

Dazu klicken Sie auf „Ethernet“.

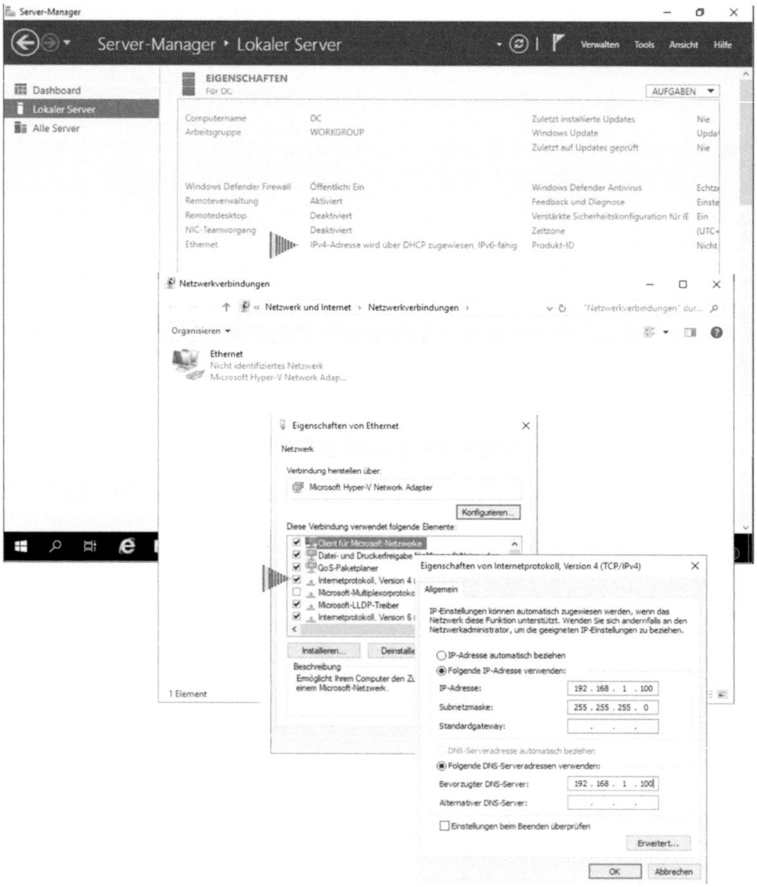

Abbildung 4.15: IP-Adressierung

Es öffnet sich ein Fenster mit allen vorhandenen Netzwerkkarten. Oft ist es nur eine einzelne Karte, wie in diesem Fall.

Klicken Sie auf diese Netzwerkkarte mit der rechten Maustaste und wählen Sie „Eigenschaften".

Hier setzen Sie einen Doppelklick auf „Internetprotokoll, Version 4 (TCP/IPv4)"

Sie können nun eine statische IP-Adresse festlegen.

Für eine vollständige, korrekte IP-Adresse wählen Sie eine Adresse aus dem privaten Bereich, Klasse C, und zwar wählen Sie denselben Bereich, in dem auch der Internetrouter angesiedelt ist, diese Adresse erfahren Sie vom Internet-Provider.

In unserem Beispiel geben Sie die Adresse 192.168.1.100 und die dazugehörige Subnetzmaske 255.255.255.0 ein.

4.2.1 Standardgateway

In jedem geschlossenen Netzwerk gibt es nur dann eine Kommunikation, wenn IP-Adressen verwendet werden, die den gleichen Netzwerkanteil haben, und jeweils individuelle Hostanteile.

In diesem Beispiel hat der Domänencontroller die IP Adresse 192.168.1.100, die Clients haben weitere gültige IP-Adressen im gleichen Netzwerkbereich.

Wenn aber ein Rechner angesprochen werden soll, der außerhalb dieses Netzwerks ist, beispielsweise im Internet, muss ein Bindeglied zwischen diesen beiden Netzwerken zur Verfügung stehen.

Dies nennt man einen Router.

In der IP-Konfiguration wird dieser Router als „Standardgateway" bezeichnet.

In den meisten Fällen ist dies der bereits vorhandene Internetrouter, deswegen tragen Sie dessen interne IP-Adresse hier ein.

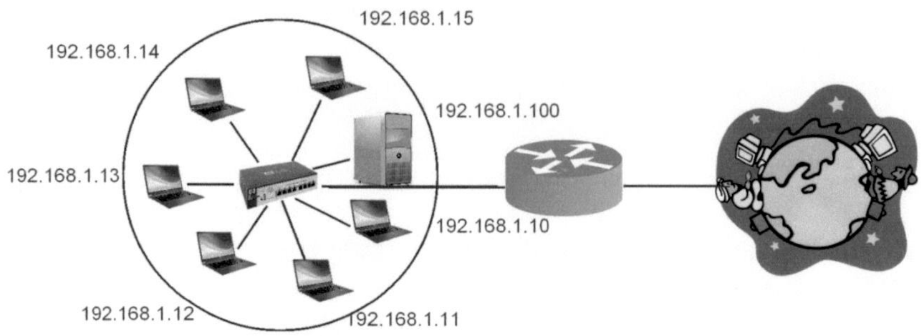

Abbildung 4.16: Standardgateway

Zuletzt muss noch einen DNS-Server eingetragen werden. Hier nehmen Sie bitte dieselbe IP-Adresse, die Sie dem Server gegeben haben, denn dieser Rechner wird später auch der DNS-Server sein, darauf gehen wir noch genauer ein.

Klicken Sie auf „OK“, damit die Konfigurationsänderung angewendet wird.

4.3 Zum DC hochstufen

Eine Besonderheit des Windows Servers ist es, das er nach der Installation nur ein einfacher Server ist, der noch keine Spezifikation hat.

Um diesen Server zu einem Domänencontroller zu machen, muss diese Funktion explizit installiert werden.

Windows Server unterscheidet zwischen „Rollen“ und „Features“.

Beides sind Zusatzfunktionen, die der Server verwalten kann, sie unterscheiden sich lediglich in der Gewichtung.

Rollen

Dies sind die bedeutenden Funktionen, die wichtigeren, wie beispielsweise Active Directory oder auch diverse Netzwerkdienste.

Features

Dies sind die kleineren Funktionen, die auch nicht ganz so bedeutend für die Server Infrastruktur sind, wie die Gruppenrichtlinienverwaltung oder das Sicherungsprogramm.

Um den Server zu einem Domänencontroller zu machen, müssen Sie also die Rolle „Active Directory Domänendienste“ installieren.

Dafür klicken Sie im Server-Manager auf „Rollen und Features hinzufügen“.

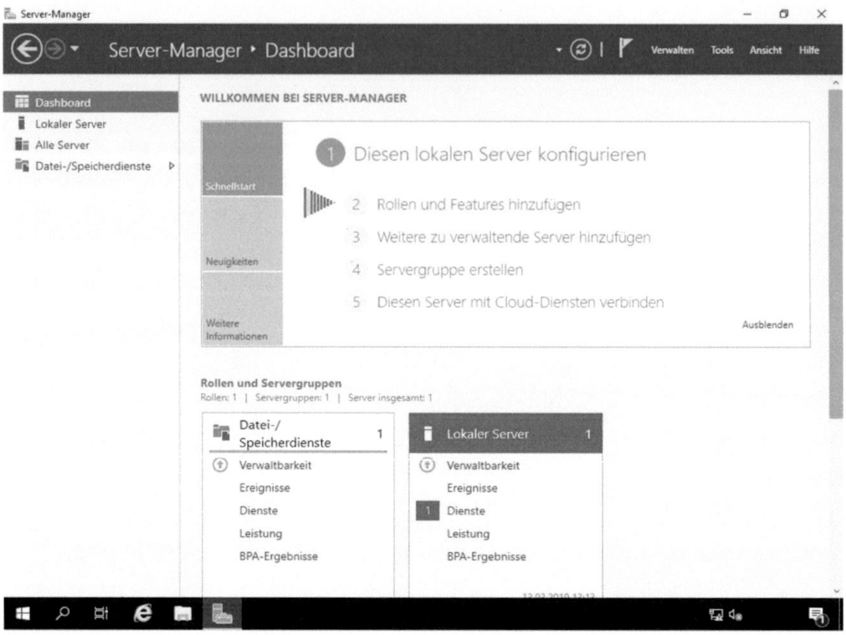

Abbildung 4.17: Rollen und Features hinzufügen

Zunächst sehen Sie einen Bildschirm mit allgemeinen Hinweisen, den Sie für die Zukunft ausblenden können.

Abbildung 4.18: Hinweise

Dann wählen Sie aus, was Sie installieren wollen.
Hier ist „Rollenbasierte oder featurebasierte Installation“ richtig.

Abbildung 4.19: Installationstyp

Mit der Auswahl „Installation von Remotedesktopdiensten“ würden Sie einen Server konfigurieren, der eine Art von Terminaldiensten bereitstellt.

Nun wählen Sie den Server aus, auf dem Sie die Rolle installieren möchten.

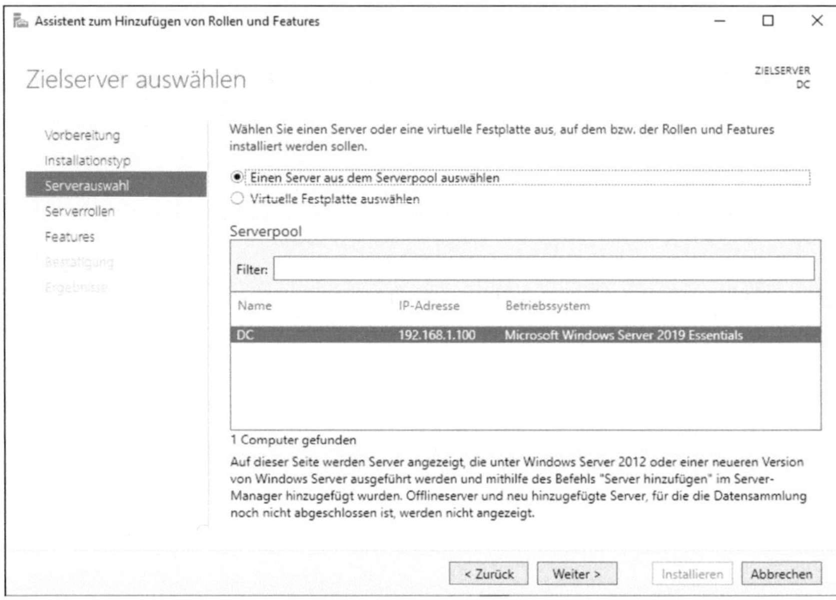

Abbildung 4.20: Serverauswahl

Der nächste Bildschirm ist die Auswahl der Rollen.

Betrachten Sie die Rollen, die hier zur Auswahl stehen.

Es handelt sich um die Dienste rund um das Active Directory, Netzwerkinfrastrukturdienste, wie DHCP und DNS und viele weitere wichtige Funktionen.

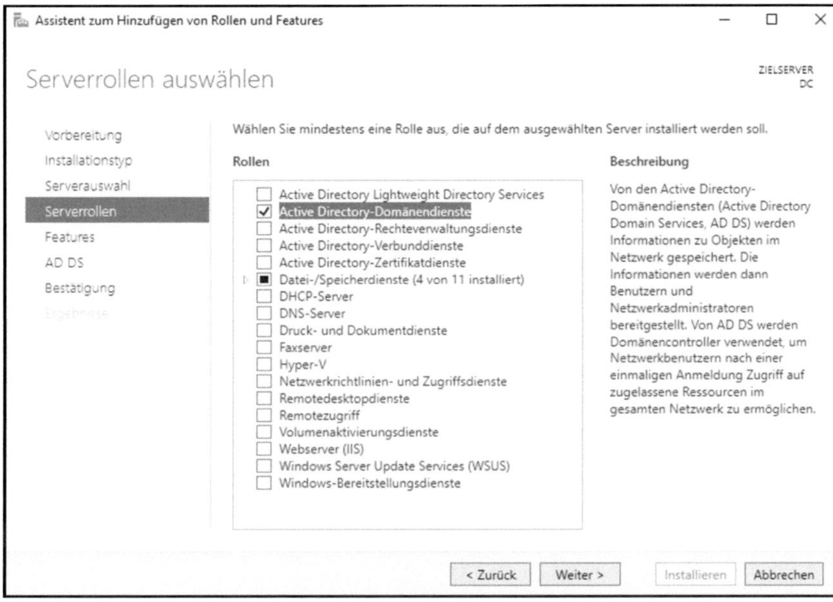

Abbildung 4.21: Rollen hinzufügen

Sie wählen „Active Directory Domänendienste“ aus.

Sofort wird nach einigen Features gefragt, die ebenfalls installiert werden müssen, damit die gewählte Rolle funktioniert. Die Auswahl bestätigen Sie mit „Features hinzufügen“.

Danach können Sie mit einem Klick auf „Weiter“ zu den Features weitergehen. Hier sind alle benötigten bereits automatisch ausgewählt, Sie können einfach wieder auf „Weiter“ klicken.

Im nächsten Schritt erhalten Sie noch einige Hinweise zu den Active Directory Domänendiensten, unter anderem, dass ein DNS–Server vorhanden sein muss oder automatisch installiert wird.

Auch hier können Sie auf „Weiter“ klicken.

Der nächste Schritt ist eine Zusammenfassung der Auswahl mit einer Option, den Rechner bei Bedarf neu zu starten. Diese Option wählen Sie aus, dann müssen Sie den Server nicht manuell neu starten, falls es nötig sein sollte. Die Warnmeldung bestätigen Sie.

Durch einen Klick auf „Installieren“ beginnt die Installation.
Dies kann eine Weile dauern.

Das Fenster kann jederzeit geschlossen werden, die Installation läuft trotzdem weiter.

Allerdings ist der Server nun noch kein Domänencontroller, da das Active Directory zwar installiert, aber noch nicht eingerichtet ist.

Sie müssen noch in jedem Fall im oberen Bereich des Server-Managers auf das Ausrufezeichen klicken, und dann wählen „Server zu einem Domänencontroller heraufstufen“.

Abbildung 4.22: Server zu einem Domänencontroller heraufstufen

Auf der ersten Seite müssen Sie wählen, ob Sie eine bereits vorhandene Gesamtstruktur erweitern möchten, oder ob Sie eine neue Domäne in einer neuen Gesamtstruktur erstellen wollen.

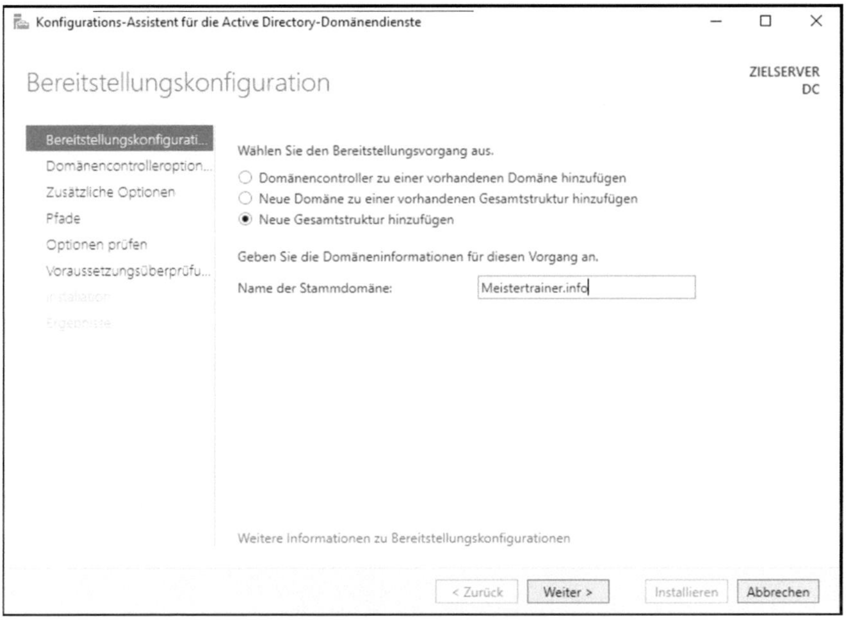

Abbildung 4.23: Auswahl

In unserem Fall ist die Auswahl einfach, wir fangen neu an, haben bisher keine Domäne, also ist die richtige Auswahl „Neue Gesamtstruktur hinzufügen“.

Damit erstellen Sie eine neue Domäne, der Sie natürlich auch noch einen Namen geben müssen, als Beispiel „Meistertrainer.info“.

Dieser Name muss den DNS-Namenskonventionen entsprechen. Er muss mindestens aus einer Toplevel-Domain und einer Domäne bestehen

Dann klicken Sie auf „Weiter“.

Im nächsten Fenster legen Sie die Domänencontrolleroptionen fest.

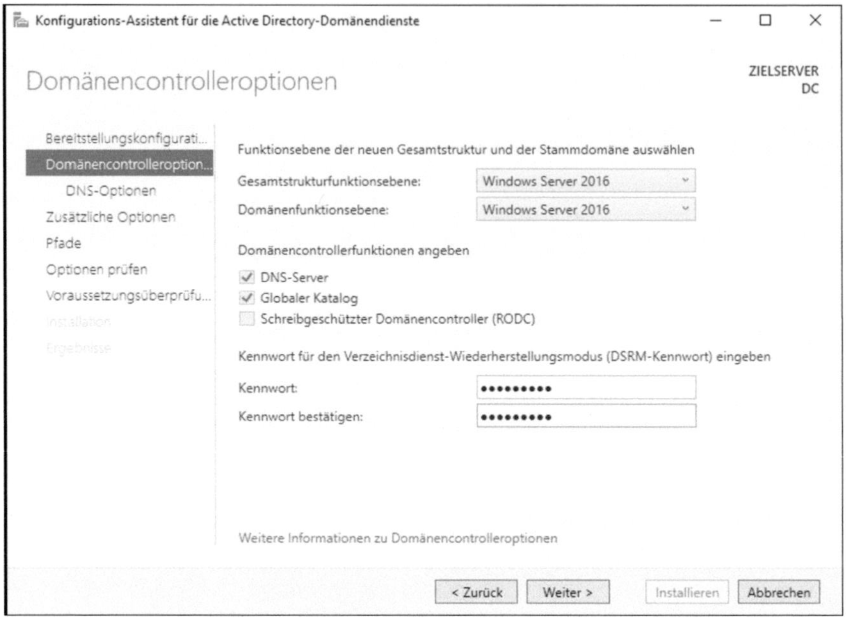

Abbildung 4.24: Funktionsebenen

Sie belassen überall die Standardeinstellungen und legen im unteren Teil ein Kennwort fest.

Dieses Kennwort benötigen Sie für den Notfall.

Auf einem Domänencontroller existieren keine lokalen Konten. Die einzige Datenbank, die auf einem Domänencontroller läuft, ist das Active Directory. Wenn Sie sich an einem Domänencontroller „lokal" anmelden, melden Sie sich immer mit einem Konto des Active Directory an.

Ein Domänencontroller sollte regelmäßig gesichert werden. Das Sicherungsprogramm von Windows Server 2019 erlaubt die Sicherung einer geöffneten Datenbank, deswegen können Sie einen Domänencontroller im laufenden Betrieb sichern.

Anders sieht es dagegen aus, wenn das Active Directory wiederhergestellt werden muss. Eine Datenbank kann nur wiederhergestellt werden, wenn sie nicht geöffnet ist.

Das stellt uns vor ein Problem: wie wir eben festgestellt haben, existiert auf einem Domänencontroller nur die Datenbank Active Directory. Wir müssen aber eine Möglichkeit finden, den Domänencontroller zu starten, ohne dass das Active Directory gestartet wird, um eine zerstörte

Datenbank wiederherzustellen. Und selbst wenn wir es schaffen sollten, den Domänencontroller ohne Active Directory zu starten, wie können wir uns dann anmelden?

Die Lösung ist ein Konto, das nicht im Active Directory gespeichert wird, mit dem Sie den Domänencontroller im Notfall starten können, um das Active Directory wiederherzustellen.

Dies ist das Konto, für das Sie an dieser Stelle das Kennwort festlegen müssen. Dieses Konto wird lokal gespeichert, und steht nur zur Verfügung, wenn wir den Domänencontroller mit den erweiterten Startoptionen (F8) starten, und hier den „Verzeichnisdienst-wiederherstellungsmodus“ wählen.

Also geben Sie an dieser Stelle ein Kennwort ein, und merken es sich sehr gut!

Danach klicken Sie auf „Weiter“.

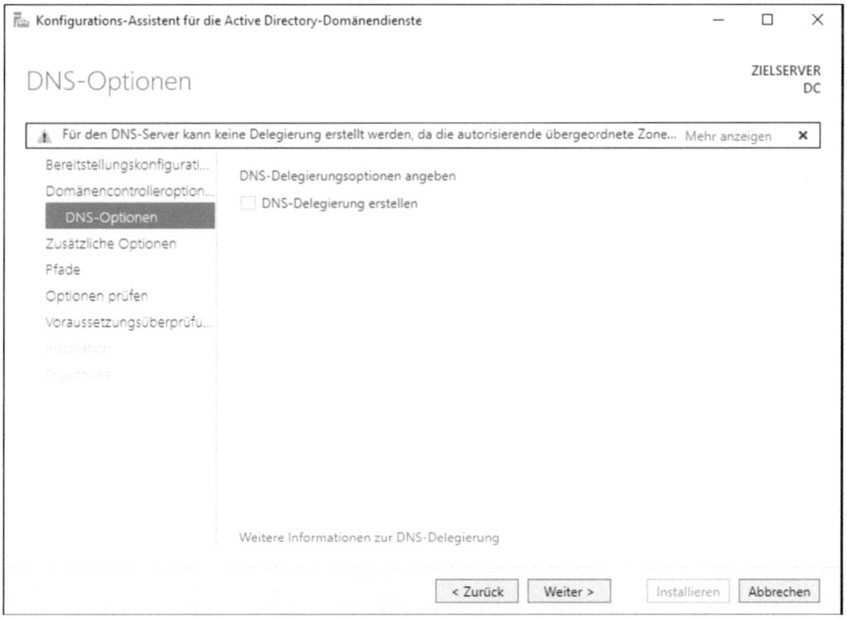

Abbildung 4.25: DNS-Optionen

In den meisten Fällen müssen Sie hier keine Einstellungen machen und können auf „Weiter“ klicken.

Im nächsten Fenster wird Ihnen ein NetBIOS-Name für die Domäne vorgeschlagen.

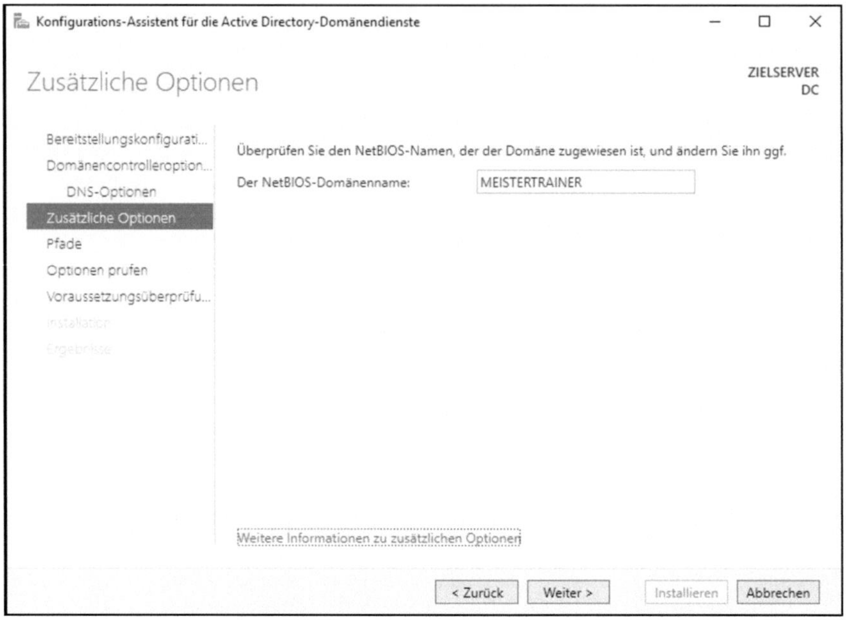

Abbildung 4.26: NetBIOS-Name

Der NetBIOS-Name ist im Normalfall der Domänenname ohne das Suffix. Manche Anwendungen benötigen diesen Namen, deswegen sollten Sie ihn so akzeptieren, wie er vorgeschlagen wird.

Im nächsten Fenster legen Sie die Pfade für die Datenbank an.

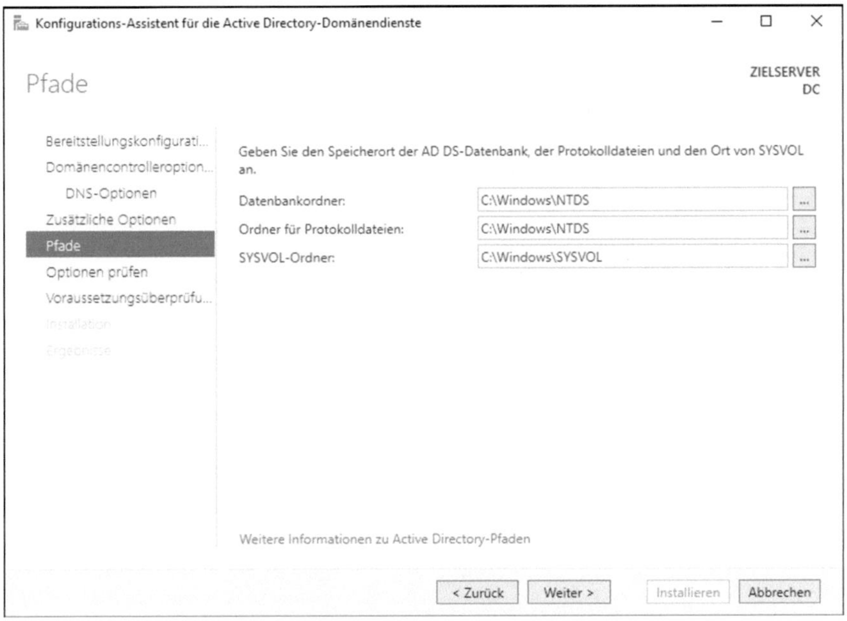

Abbildung 4.27: Speicherort der Dateien

Diese Auswahl können Sie akzeptieren. Allerdings ist es im produktiven Betrieb günstiger, die Datenbank und die Protokolldateien auf jeweils verschiedene Festplatten zu speichern, damit im Fehlerfall nicht beides verloren geht.

Auch der Speicherort für den Ordner „SYSVOL“ wird festgelegt.

Dieser Ordner ist eine Freigabe auf jedem Domänencontroller, in dem die Informationen für die Clients gespeichert werden. Jeder Client greift beim Anmeldevorgang auf diesen Ordner zu, und liest dort seine Informationen aus, wie beispielsweise die Gruppenrichtlinien.

Das nächste Fenster erlaubt Ihnen, die Angaben noch einmal zu überprüfen.

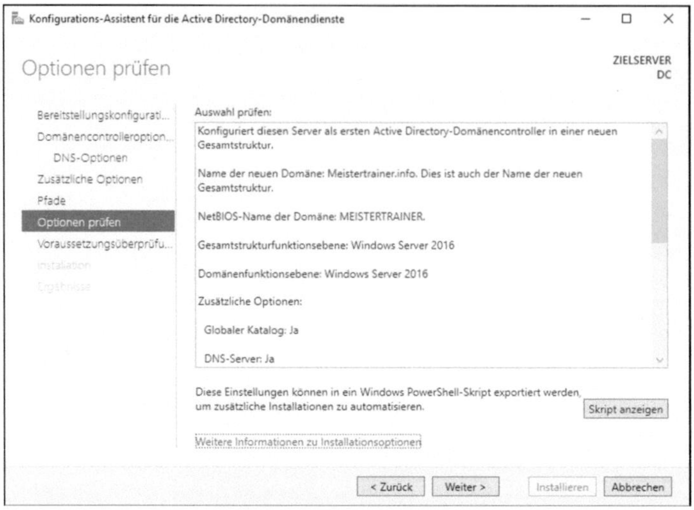

Abbildung 4.28: Optionen prüfen

Nach einem Klick auf weiter werden die Voraussetzungen überprüft und noch einmal eine Zusammenfassung angezeigt.

Dann können Sie endlich auf „Installieren“ klicken, und das Active Directory wird eingerichtet.

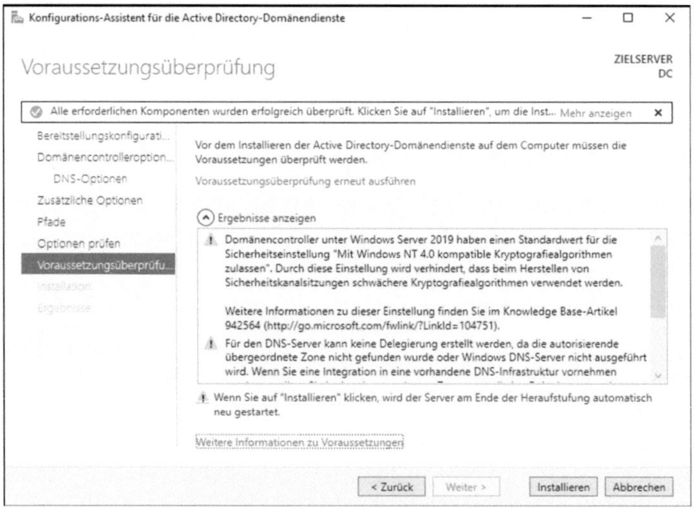

Abbildung 4.29: Installation startet

Nach einem Neustart können Sie sich an der Domäne anmelden.

4.4 Anlegen von Benutzerkonten

Sie haben den Domänencontroller installiert, damit Sie eine einfache, zentrale Steuerung für alle Benutzer, Daten und Geräte haben.

Nun müssen Sie die ersten Schritte gehen, damit diese zentrale Steuerung auch funktioniert.

Jeder Mitarbeiter, der sich an einem Computer anmelden möchte, benötigt ein Konto in der Domäne.

Zunächst legen Sie diese Konten an, später haben Sie dadurch viele Möglichkeiten der zentralen Verwaltung.

Dafür öffnen Sie wieder den Server-Manager, wählen oben rechts „Tools“ und hier den Punkt „Active Directory Benutzer und Computer“.

Hier sehen Sie eine Darstellung, die stark an den Windows Explorer erinnert und deswegen leicht zu verstehen ist.

Erweitern Sie die Ansicht, indem Sie auf den Namen der Domäne klicken, in unserem Fall ist das „Meistertrainer.info“.

Auch nun setzt sich der Aufbau optisch wie der Explorer fort.

Sie sehen mehrere Container, in denen bereits einige Konten gespeichert sind.

Um eine optimale Ordnung zu halten und für Übersicht zu sorgen, sollten Sie einen eigenen Container für Ihre Mitarbeiter erstellen.

Dafür klicken Sie mit der rechten Maustaste auf den Namen der Domäne und wählen „Neu – Organisationseinheit“.

Geben Sie dem neuen Container einen aussagekräftigen Namen, beispielsweise „Mitarbeiter“.

Erweitern Sie nun den Container „Mitarbeiter“ und legen Sie das erste Konto an.

Dafür wählen Sie

- Rechte Maustaste auf „Mitarbeiter“
- Neu
- Benutzer

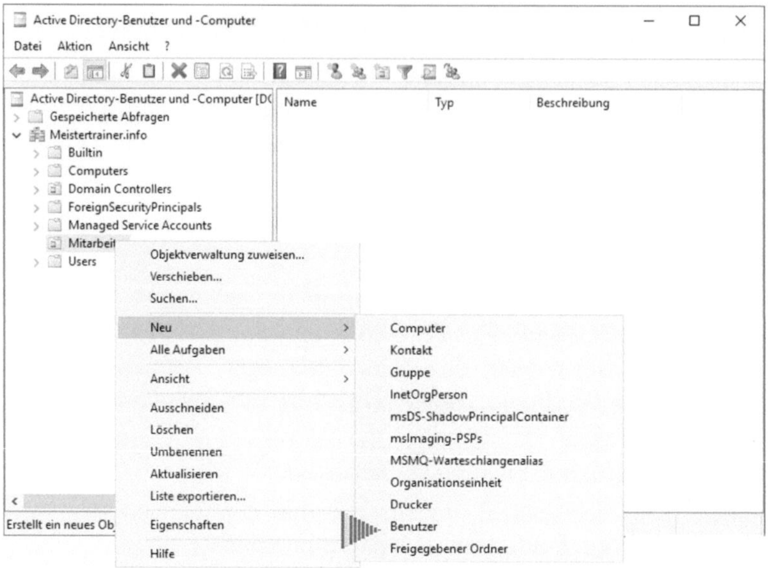

Abbildung 4.30: Anlegen eines neuen Benutzers

Hier können Sie nun die Daten des neuen Benutzers eintragen.

Abbildung 4.31: Eintragen der Daten des neuen Benutzers

Heißt ein Mitarbeiter Karl Klammer, geben Sie diese Daten ein.

Als Benutzeranmeldenamen wählen Sie eine Kombination, die man sich gut merken kann, hier hat sich beispielsweise der erste Buchstabe des Vornamens und der erste Buchstabe des Nachnamens bewährt.

Auf der nächsten Seite legen Sie die Kennwortoptionen für das neue Benutzerkonto fest.

Abbildung 4.32: Kennwortoptionen

Geben Sie jedem neuen Benutzerkonto ein Kennwort.

Für das Kennwort können Sie noch zusätzliche Informationen festlegen:

Benutzer muss Kennwort bei der nächsten Anmeldung ändern

Dies ist die Standardeinstellung. Wenn Sie ein Konto anlegen, vergeben Sie ein Kennwort und teilen dies dem Benutzer mit. Mit diesem Kennwort kann er sich einmal anmelden, muss aber das Kennwort nach der Anmeldung sofort ändern. Dies ist der Normalfall.

Benutzer kann Kennwort nicht ändern

Hier verbieten Sie dem Benutzer, sein eigenes Kennwort zu ändern. Das sollten Sie nur in Ausnahmefällen tun, wenn beispielsweise ein Konto von mehreren Personen benutzt wird.

Kennwort läuft nie ab

Normalerweise müssen Kennwörter regelmäßig geändert werden. Diese Funktion können Sie als Administrator für alle Konten der Domäne festlegen. Aber manche Konten können das Kennwort nicht ändern, zum Beispiel Konten, die von Anwendungen benutzt werden, oder auch Dienstekonten. Für solche Konten sollte diese Option gesetzt werden.

Das hat für Sie erst einmal keine Relevanz. Bei normalen Benutzerkonten sollte diese Option nicht gewählt werden.

Konto ist deaktiviert

Wenn Sie möchten, dass ein Konto vorübergehend nicht benutzt werden kann, können Sie diese Option wählen. Dies kann beispielsweise der Fall sein, wenn ein Mitarbeiter für längere Zeit abwesend ist.

Nur Benutzer, die ein Konto im Verzeichnisdienst Active Directory haben, können sich an der Domäne anmelden.

Nach einer Bestätigung wird das Konto erstellt.

5 Netzwerkdienste

5.1 DNS Server und Namensauflösung

Nun ist der Domänencontroller schon fast einsatzbereit.

Wir sollten noch einen Blick auf die sogenannten Netzwerkdienste werfen. Das sind Funktionen, die benötigt werden, damit die IP-Kommunikation im Netzwerk einwandfrei und schnell funktioniert.

Wie Sie gesehen haben, wird bei der Installation von Active Directory automatisch ein DNS-Server mitinstalliert, sofern im Netzwerk keiner vorhanden ist.

Da stellt sich die Frage:

Was ist ein DNS-Server?

Sie wissen bereits, dass die Kommunikation zwischen den Computern mithilfe der IP-Adresse und der Subnetzmaske stattfindet.

Auch wenn die Darstellung in dezimaler anstatt von binärer Schreibweise für uns schon eine Erleichterung ist, haben wir Menschen dennoch große Schwierigkeiten, uns IP-Adressen zu merken.

Das ist der Grund, warum wir den Rechnern immer Namen geben, denn Namen können wir uns leichter merken.

Dies ist allerdings für den Computer ein Problem, denn wenn wir beispielsweise im Explorer auf den Namen eines anderen Rechners klicken, muss er eine sogenannte Namensauflösung machen, also den Namen einer bestimmten IP-Adresse zuordnen, damit er mit der Kommunikation beginnen kann.

Für die Namensauflösung gibt es viele Möglichkeiten, die in einer bestimmten Reihenfolge abgearbeitet werden.

Dies geht zum großen Teil völlig automatisch.

Eine dieser Möglichkeiten ist aber diejenige, mit der beinahe 100% aller Netzwerke funktionieren, deswegen möchte ich auf diese Art der Namensauflösung genauer eingehen.

Dies ist der DNS-Server.

DNS, oder „Domain Name System", ist eine Art von Datenbank, in der die Zuordnung von Namen zu IP-Adressen gespeichert ist.

Werfen wir mal einen kleinen Blick auf den bereits vorhandenen DNS-Server.

Dazu öffnen Sie wieder den Server-Manager und klicken rechts oben auf „Tools – DNS".

Auch hier erkennen Sie die Ähnlichkeit in der Darstellung zum Windows Explorer.

Es gibt unter anderen eine Forward-Lookupzone und eine Reverse-Lookupzone.

5.1.1 Forward-Lookupzone

Die Forward-Lookupzone löst die Namen zu IP-Adressen auf. Ähnlich wie in einer Telefonbuchliste ist jedem Namen eine Nummer zugeordnet.

Dies ist der Normalfall. Wenn mit dem Computer im Netzwerk gearbeitet wird, sprechen wir die Computer, die wir erreichen möchten, immer mit dem Namen an.

Das Protokoll IP benötigt aber zum Routen die IP-Adresse. Also wird in der Namenauflösung der Name zu einer IP-Adresse aufgelöst.

Gehen wir davon aus, dass der DNS-Server die Zuordnung von Namen zu IP-Adresse gespeichert hat.

Auf einem Client im Netzwerk klicken Sie nun im Explorer auf eine Freigabe auf „Computer1".

Der Client schickt nun eine Anfrage an den DNS-Server „Welche IP-Adresse hat Computer1?"

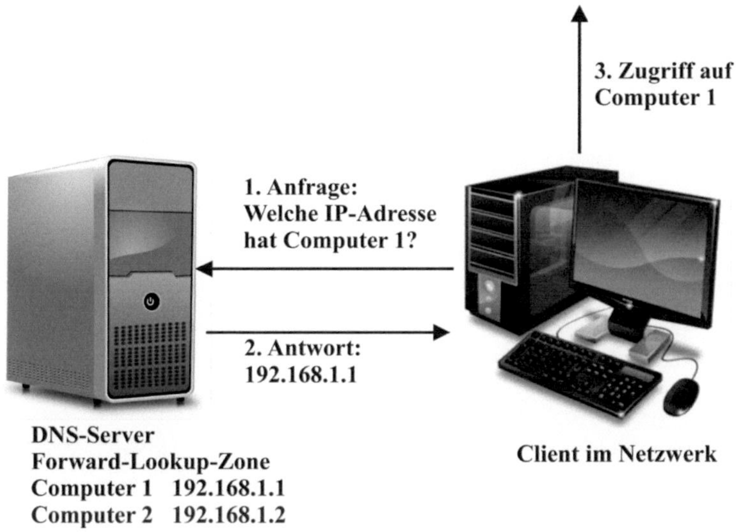

Abbildung 5.1: Namensauflösung mit DNS

Der DNS-Server sucht in seiner Datenbank nach den entsprechenden Daten und gibt diese an dien Client zurück.

Nun kann der Client mit Computer1 Kontakt aufnehmen.

5.1.2 Reverse-Lookupzone

Die Reverse-Lookupzone ist genau das Gegenteil:

Sie löst IP-Adressen zu Namen auf.

Die Reverse-Lookupzone wird für den normalen Arbeitsalltag nicht benötigt. Sie wird nur zur Kontrolle und zum Testen benötigt, da normalerweise nicht nach Namen gefragt wird.

Auch einige Anwendungen benötigen eine Reverse-Lookupzone, falls Sie Clients mit Namen ansprechen.

5.1.3 Der DNS Namensraum

Der DNS Namensraum ist im ganzen Internet gleich. Die Namen werden von hinten nach vorne ergänzt.

In der Domäne „Meistertrainer.info" kann der Namensraum folgendermaßen dargestellt werden:

Stammdomäne	**.**
Topleveldomain	**info**
Domäne der zweiten Ebene	**Meistertrainer**
Untergeordnete Domäne	**Nord**
Host	**sub**

Sub.Nord.Meistertrainer.info
=
FQDN

Abbildung 5.2: Der DNS Namensraum

Was im Kleinen funktioniert, ist im Großen das gleiche Prinzip. Auch im Internet wird mit dieser Abstufung der Namen gearbeitet.

Es ist verständlich, dass nicht ein einzelner DNS-Server in der Lage ist, alle diese Namen aufzulösen.

Meistens sind viele DNS-Server an der Auflösung der Namen beteiligt. Wenn ein Server die Antwort nicht kennt, leitet er die Abfrage an einen anderen DNS-Server weiter.

DNS ist zum Glück ein sehr einfacher und unkritischer Dienst, er läuft normalerweise völlig problemlos und benötigt keinen Eingriff von außen.

Weiterleitungen

In einer Umgebung, die sich hinter einem Internetrouter befindet, wie es wohl in der Mehrzahl der Fälle bei kleinen Netzwerken sein wird, müssen Sie noch eine Konfiguration vornehmen.

Wenn Sie Ihre Forward-Lookupzone betrachten, fällt auf, dass alle Zuordnungen von Namen zu IP-Adressen nur das interne Netzwerk betrifft.

Das ist natürlich völlig richtig, denn in erster Linie muss ja die Kommunikation innerhalb des Netzwerks hergestellt werden.

Was passiert aber, wenn jemand auf das Internet zugreifen möchte und eine Internetadresse in den Browser eingibt?

Wie wir wissen, wird nun der DNS-Server nach der IP-Adresse befragt.

Aber diese Frage kann er nicht beantworten, da er die Informationen nicht hat.

Das würde bedeuten, dass kein Internetzugriff stattfinden kann.

Aus diesem Grund müssen Sie dem DNS-Server mitteilen, was er zu tun hat, wenn er eine Anfrage erhält, die er nicht beantworten kann.

Hier halten wir es, wie es im Geschäftsleben üblich ist:

Wenn ich etwas nicht weiß, delegiere ich es.

In unserem Fall heißt das, wenn der DNS-Server eine Anfrage nicht beantworten kann, leitet er diese Anfrage an jemanden weiter, der es weiß, also an einen anderen DNS-Server.

In den meisten Fällen ist hier der Internetrouter die richtige Adresse, denn er sorgt normalerweise ja für einen reibungslosen Internet Zugang.

Die Einrichtung dieser Weiterleitung ist einfach.

Sie klicken in der DNS-Konsole auf den Namen des Servers.

Dann erkennen Sie schon auf der rechten Seite den Punkt „Weiterleitungen".

Hier wählen Sie „Bearbeiten“ und tragen die IP-Adresse des Routers ein.

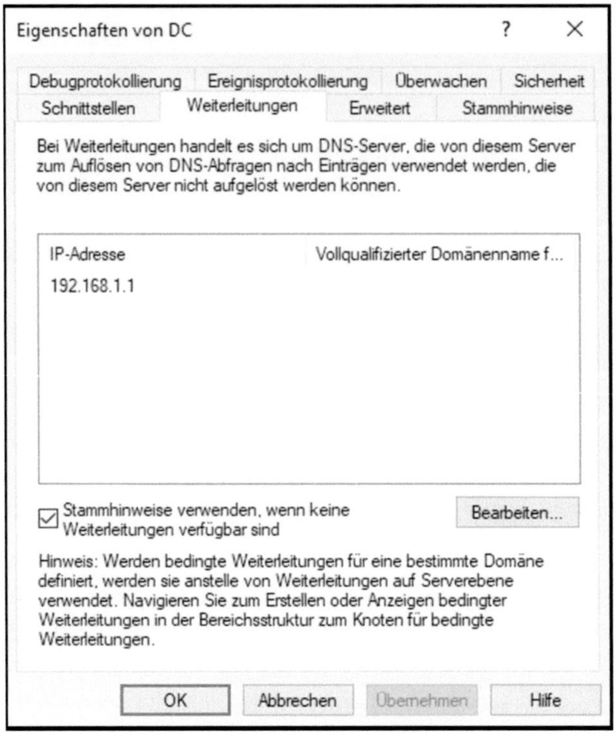

Abbildung 5.3: Weiterleitungen

Ab sofort leitet der DNS-Server alle Anfragen, die er nicht beantworten kann, an den Internetrouter weiter.

5.2 Einrichten von DHCP

Bisher haben wir schon erfahren, dass die Kommunikation im Netzwerk über IP-Adressen erfolgt und dass jeder Rechner eine gültige IP-Adresse benötigt.

Beim Domänencontroller haben wir auch gesehen, dass er eine feste IP-Adresse erhalten hat, dies wird auch statische IP-Adresse genannt.

Das manuelle Zuweisen der IP-Adressen hat aber diverse Nachteile:

- Man kann sich vertippen
- Adressen können versehentlich doppelt vergeben werden
- Der administrative Aufwand ist sehr groß

Deswegen wäre es doch schön, wenn es irgendwo im Netzwerk eine Datenbank gäbe, bei der die Computer eine gültige IP-Adresse anfordern könnten, ohne dass Sie sich darum kümmern müssen.

Sie haben Glück, eine solche Datenbank gibt es!

Sie nennt sich „DHCP“ (Dynamic Host Configuration Protocol) und wird in beinahe allen Netzwerken verwendet.

Die Verwendung von DHCP setzt zwei Dinge voraus:

1. Auf mindestens einem Server im Unternehmen muss ein Dienst mit Namen „DHCP“ (Dynamic Host Configuration Protocol) installiert sein, der einen Pool von IP-Adressen verwaltet.
2. Die Computer, die IP-Adressen automatisch empfangen sollen, müssen als „DHCP-Clients“ konfiguriert sein.

Um Punkt 1 kümmern wir uns gleich.

Punkt 2 ist gar kein Problem, denn jeder Computer ist direkt nach der Installation ein „DHCP-Client, und muss dafür nicht extra konfiguriert werden.

Wie funktioniert DHCP?

Die Clients stellen beim Systemstart fest, dass sie DHCP-Clients sind, und schicken nun einen Broadcast los, mit dem sie um eine IP-Adresse bitten (DHCP-Discover).

Ein DHCP-Server, der diesen Ruf empfängt, schickt einen Broadcast mit einem Angebot einer IP-Adresse zurück (DHCP-Offer).

Der Client empfängt dieses Angebot und möchte es akzeptieren. Dafür sendet er einen weiteren Broadcast, in dem er um Bestätigung dieser Adresse bittet (DHCP-Request).

Als letzter Broadcast wird vom DHCP-Server die Bestätigung geschickt, mit der er diese Adresse als ab sofort mit dem Status „vergeben" registriert (DHCP-Acknowledge).

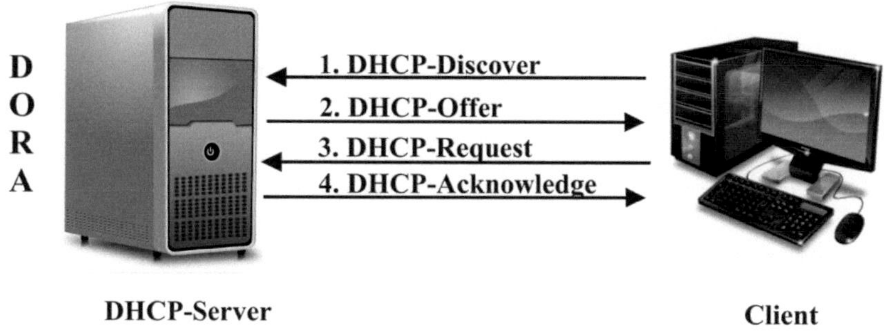

Abbildung 5.4: Client bekommt eine IP-Adresse durch DHCP

ACHTUNG!
Die vier Schritte der Adressbeschaffung kann man sich sehr gut mit den Anfangsbuchstaben der Vorgänge merken: DORA (Discover, Offer, Request, Acknowledge).

5.2.1 Installation von DHCP

DHCP wird von Windows Server als Rolle betrachtet und deswegen im Server-Manager installiert.

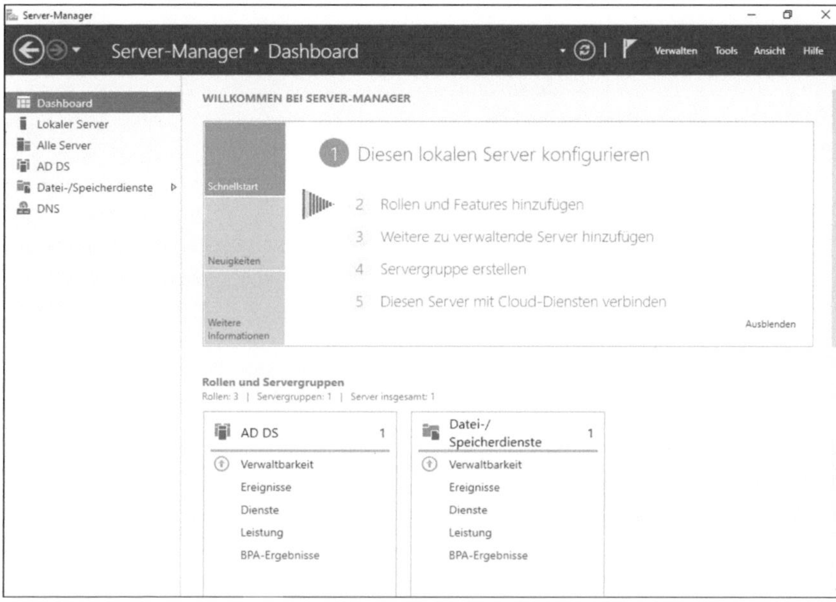

Abbildung 5.5: Server-Manager

Sie klicken auf „Rollen und Features hinzufügen“ und bestätigen auf den nächsten Seiten die Standardeinstellungen.

Bei „Serverrollen auswählen“ wählen Sie den DHCP-Server. Auch hier werden wieder Features für die Verwaltung angefordert, die Sie bestätigen.

Den Assistenten klicken Sie nun weiter, ohne weitere Einstellungen vorzunehmen, denn für die Installation des DHCP-Servers ist alles getan.

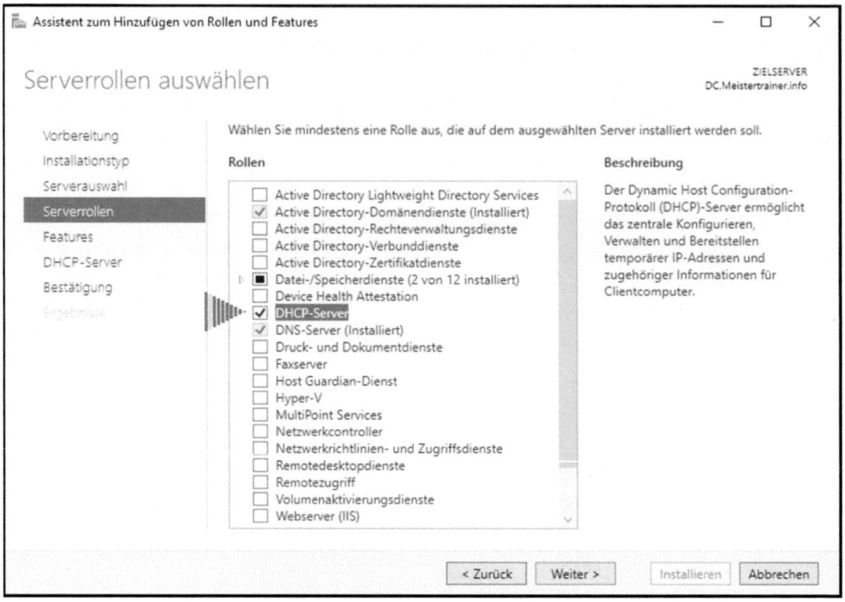

Abbildung 5.6: DHCP-Server

Der Dienst wird nun installiert.

Nach der Installation schließen Sie die Konsole.

Nun muss der Dienst noch fertig konfiguriert werden.

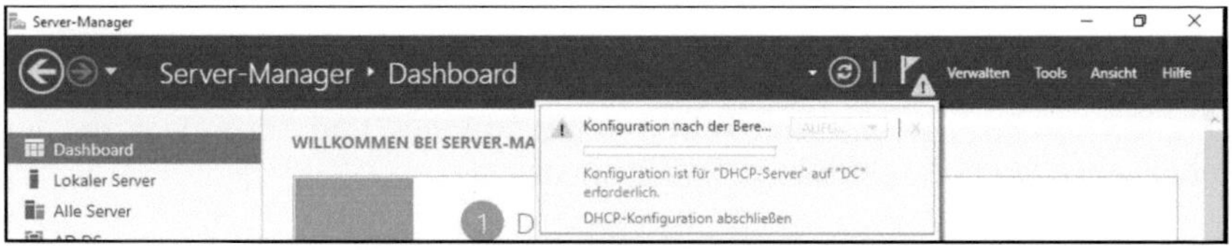

Abbildung 5.7: Konfiguration

Dies erkennen Sie am gelben Ausrufezeichen im oberen Teil des Server-Managers.

Dort klicken Sie und wählen „Konfiguration abschließen".

Ein Assistent startet, der sagt, dass noch einige Konfigurationseinstellungen gemacht werden müssen. Sie klicken auf „Weiter".

Nun legen Sie fest, mit welchen Anmeldeinformationen der DHCP-Dienst sich am Active Directory authentifizieren soll. Die Auswahl können Sie einfach bestätigen.

Klicken Sie auf „Commit ausführen“ und DHCP wird eingerichtet.

5.3 DHCP-Bereiche einrichten

Um DHCP benutzen zu können, müssen Sie noch sogenannte „Bereiche“ einrichten.

Ein Bereich ist ein Pool an gültigen IP-Adressen, die für die Clients zur Verfügung gestellt wird, und den Sie einmal definieren müssen.

Danach beziehen die Clients ihre IP-Adresse immer aus diesem Bereich.

Daher ist es natürlich wichtig, den Bereich richtig zu definieren.

Lassen Sie uns ein Gedankenexperiment machen.

Nehmen wir an, der Router hat die IP-Adresse 192.168.1.1 und der Domänencontroller hat die 192.168.1.100.

Eine Regel der Zuweisung von IP-Adressen sagt, dass Server und andere Geräte, wie Drucker, immer statische IP-Adressen bekommen sollten.

Dafür reservieren Sie den Bereich von 192.168.1.2 bis 192.168.1.29, das sind 27 Adressen, das sollte reichen.

Dann können Sie einen Bereich von 192.168.1.30 bis 192.168.1.99 für die dynamische IP-Adressen reservieren.

Das ist ein sehr großer Bereich, damit könnten Sie 69 Clients anschließen, das sollte für ein kleines Netzwerk absolut ausreichend sein.

Es ist wichtig, dass Sie sich über die Vergabe der IP-Adressen schon vor der Einrichtung Gedanken machen, eine spätere Änderung ist immer mit vermehrtem Aufwand verbunden.

Dann wollen wir den DHCP-Bereich einrichten.

Dazu öffnen Sie wieder den Server-Manager, klicken oben rechts auf „Tools“ und öffnen die DHCP-Konsole.

Sie sehen, dass es die Unterteilung von IPv4 und IPv6 gibt.

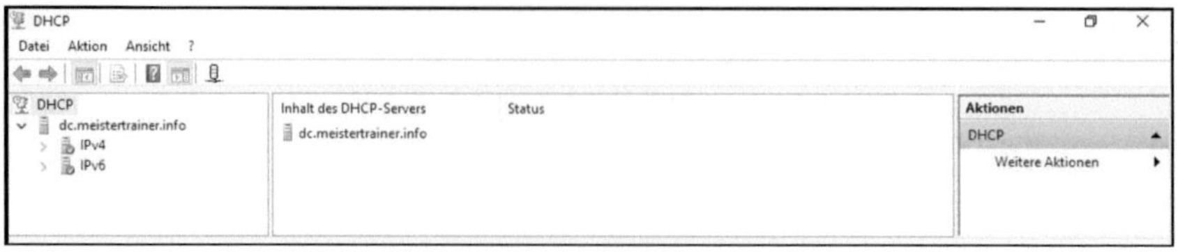

Abbildung 5.8: IPv4 und IPv6

Da Sie aber in der nächsten Zeit noch mehr mit IPv4 als mit IPv6 zu tun haben werden, beginnen Sie mit der Betrachtung im Bereich von IPv4.

Zum Erstellen eines Bereichs klicken Sie mit der rechten Maustaste auf „IPv4" und wählen „Neuer Bereich…".

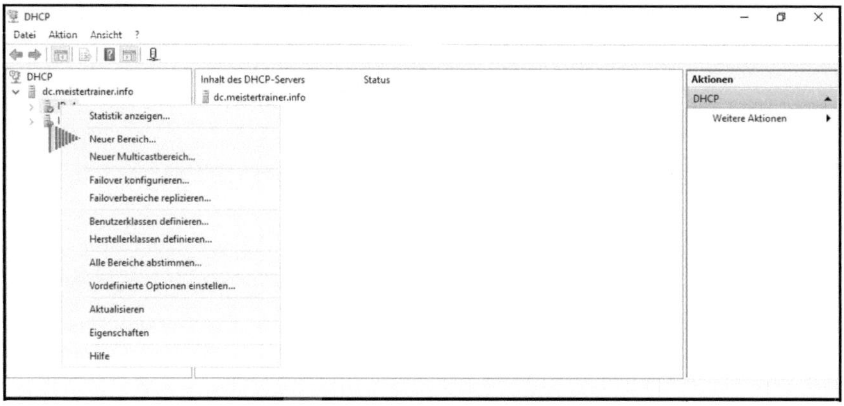

Abbildung 5.9: Neuen Bereich erstellen

Es startet ein Assistent, der hilft, einen Bereich einzurichten.

Zunächst legen Sie einen Namen für den Bereich fest.

Dies sollte ein sprechender Name sein, zum Beispiel „Mitarbeiter-Rechner".

Nun geben Sie den Bereich ein, den wir uns vorher überlegt haben.

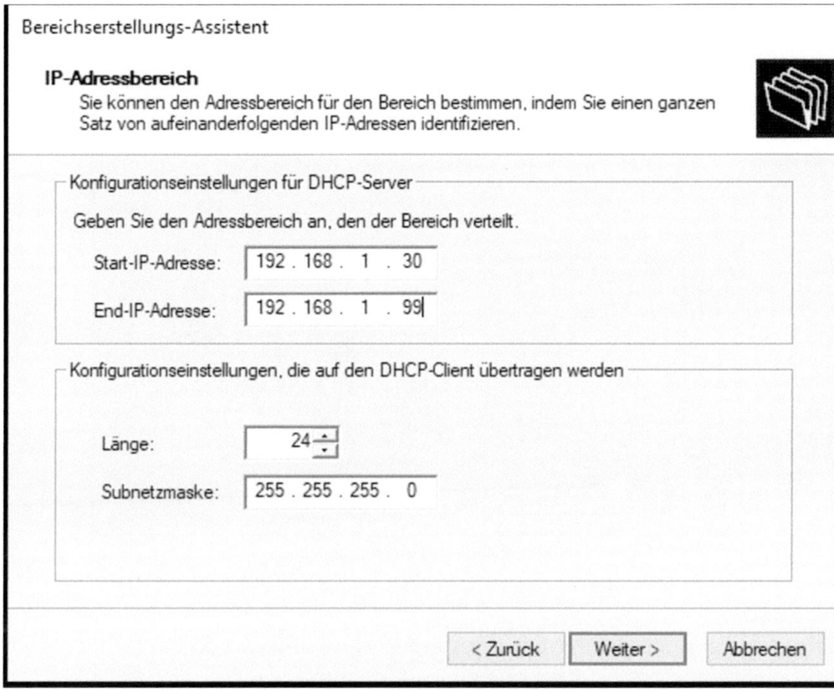

Abbildung 5.10: IP-Adressbereich

Da Sie eine IP-Adresse aus Klasse C eingegeben haben, schlägt der Assistent gleich die richtige Subnetzmaske vor, nämlich dreimal die 255 und dann die 0.

Hier müssen Sie also nichts ändern und können auf „Weiter" klicken.

Im nächsten Fester könnten Sie Ausschlüsse hinzufügen, also Bereiche innerhalb unseres definierten Bereichs.

Wenn Sie keine Ausschlüsse definieren wollen, klicken Sie einfach auf „Weiter"

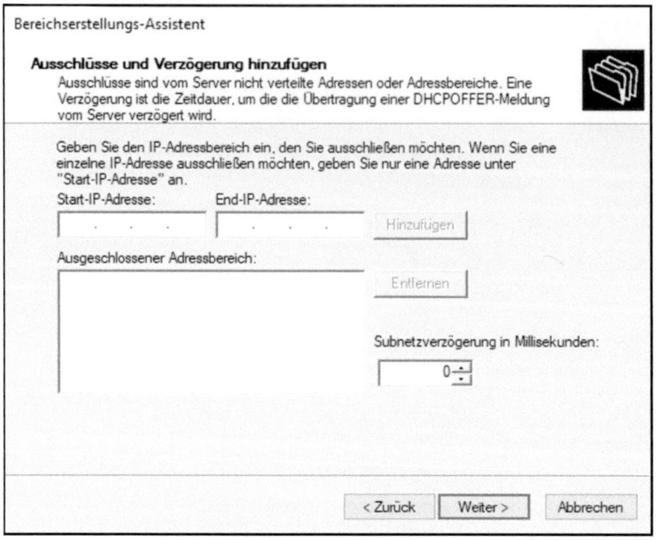

Abbildung 5.11: Ausschlüsse

Nun können Sie die Leasedauer definieren.

Dies ist die Zeit, für die die IP-Adresse dem Client zur Verfügung steht, und nicht anderweitig verwendet werden kann.

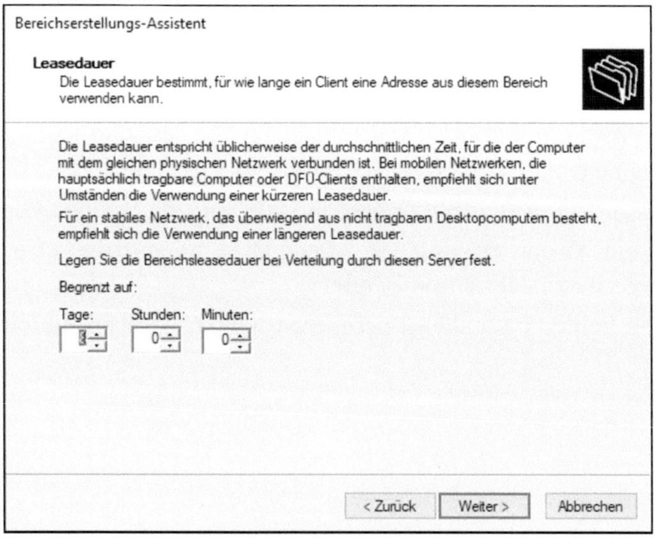

Abbildung 5.12: Leasedauer

Die Leasedauer von 8 Tagen ist ein guter Kompromiss, Sie bestätigen diese Auswahl mit „Weiter".

Nun kommen Sie zu den sogenannten „Optionen".

Optionen sind zusätzliche Informationen, die die Clients erhalten, wenn sie vom DHCP-Server eine IP-Adresse und eine Subnetzmaske zugewiesen bekommen.

Abbildung 5.13: Optionen

Wenn Sie sich an die statische IP-Konfiguration des Domänencontrollers erinnern, gab es da zusätzlich zur IP-Adresse und der Subnetzmaske noch die Informationen über Standardgateway, das war der Router ins Internet, und DNS-Server. Der DNS-Server läuft ja bekanntlich auf dem Domänencontroller.

Dies sind die Informationen, die auch die Clients benötigen, um im internen Netzwerk und im Internet kommunizieren zu können.

Der DHCP-Server kann den Clients diese Daten auch übermitteln, so dass hierbei auch keine Arbeit für Sie anfällt, und Sie bei allen Clients automatisch immer eine komplette korrekte IP-Konfiguration haben.

Also wählen Sie hier „Ja, diese Optionen jetzt konfigurieren".

Auf der nächsten Seite wird nach der IP-Adresse des Routers gefragt.

Hier geben Sie die Adresse des Internetrouters an.

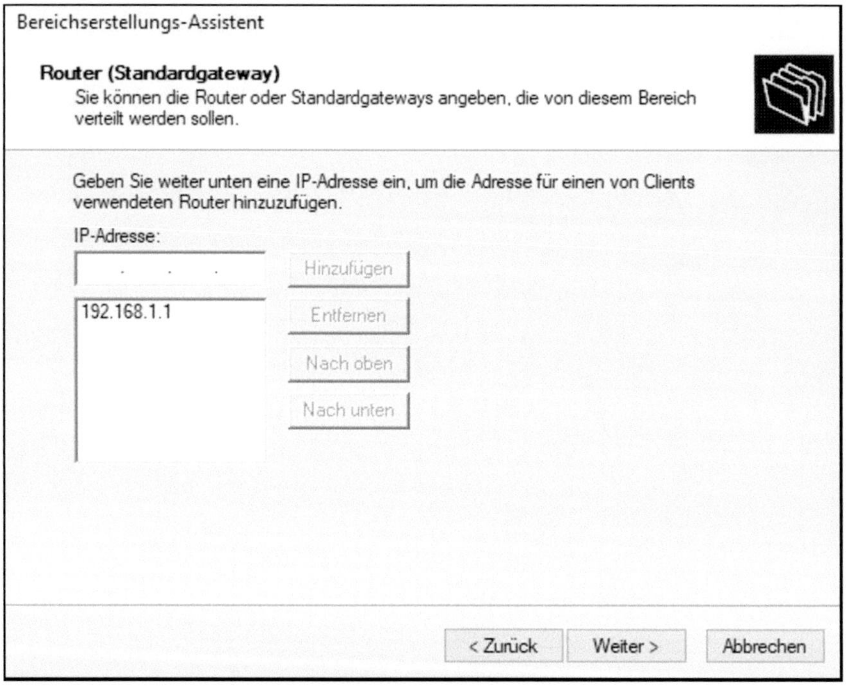

Abbildung 5.14: Internetrouter

Danach klicken Sie auf „Hinzufügen", denn nur, wenn diese Optionen unten erscheint, wird sie auch angewendet.

Klicken Sie auf „Weiter".

Nun wird nach der Domäne und dem DNS-Server gefragt.

Der Domänenname ist schon ausgefüllt, da der DHCP-Server auf dem Domänencontroller installiert ist.

Auch die IP-Adresse des DNS-Servers ist bereits eingetragen.

Sie müssen nur noch mit „Weiter" bestätigen.

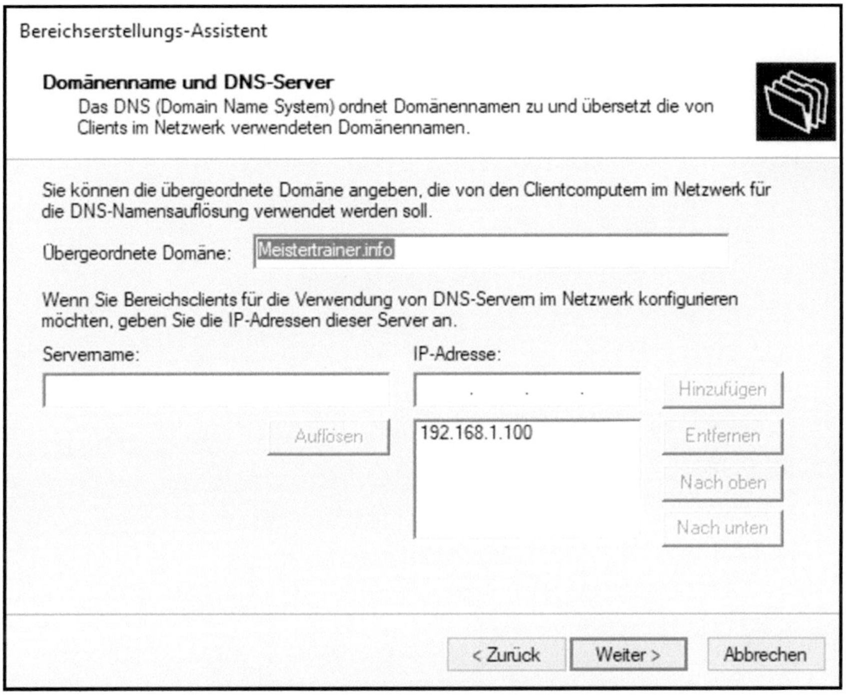

Abbildung 5.15: Domänenname und DNS-Server

Bei „WINS-Server“ tragen Sie nichts ein, dies ist eine ältere Technologie, die in einem modernen, kleinen Netzwerk nicht benötigt wird.

Auf der letzten Seite müssen Sie nur noch die Frage beantworten, ob der Bereich gleich aktiviert werden soll.

Das möchten Sie natürlich und bestätigen die Auswahl.

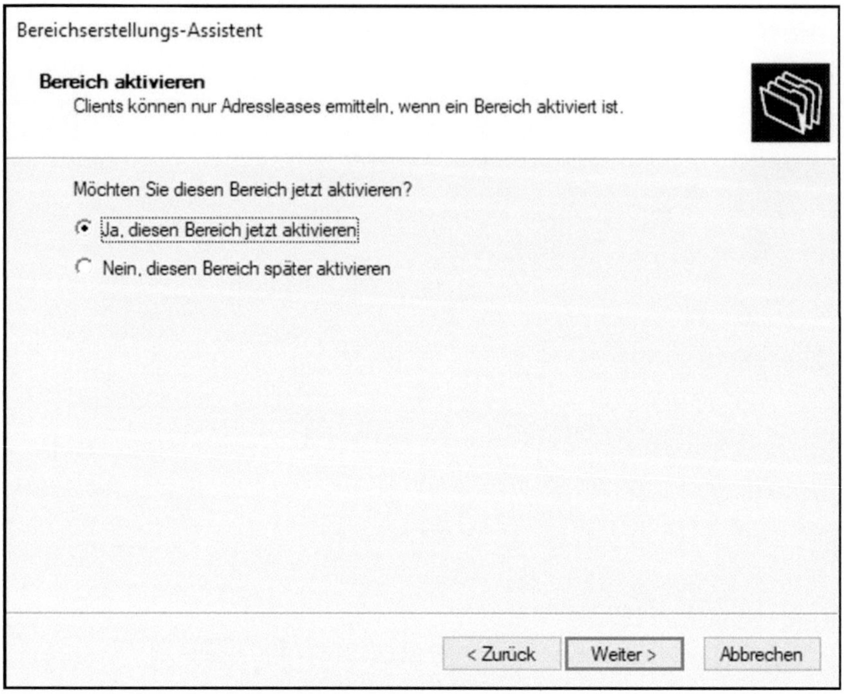

Abbildung 5.16: Bereich aktivieren

Der Assistent wird beendet und der DHCP-Bereich ist eingerichtet.

Einen wichtigen Hinweis habe ich noch für Sie!

Auf den meisten Internetroutern ist DHCP automatisch aktiviert.

Nachdem Sie DHCP auf dem Domänencontroller eingerichtet haben, müssen Sie den Dienst DHCP auf dem Router unbedingt deaktivieren!

Ihre Clients dürfen die IP-Adressen nur noch vom DHCP-Server der Domäne empfangen, denn hier sind die richtigen Optionen eingestellt.

Wenn ein zweiter DHCP-Server im Netzwerk vorhanden ist, der ebenfalls IP-Adresse ausgibt, kommt es in jedem Fall zu Komplikationen und Fehlern, die nicht nachvollziehbar sind.

ACHTUNG!
Deaktivieren Sie unbedingt den DHCP-Server auf den Internet Router!

6 Einrichten des Clients

6.1 Installation der Clients

Nun haben Sie alle Vorbereitungen auf dem Server, dem Domänencontroller, vorgenommen.

Es wird jetzt Zeit, die Clients zu installieren.

Das aktuelle Client-Betriebssystem von Microsoft ist Windows 10, deswegen gehe ich davon aus, dass Ihre Clients mit Windows 10 bestückt werden.

Legen Sie die Installations-DVD ins Laufwerk und starten Sie die Installation.

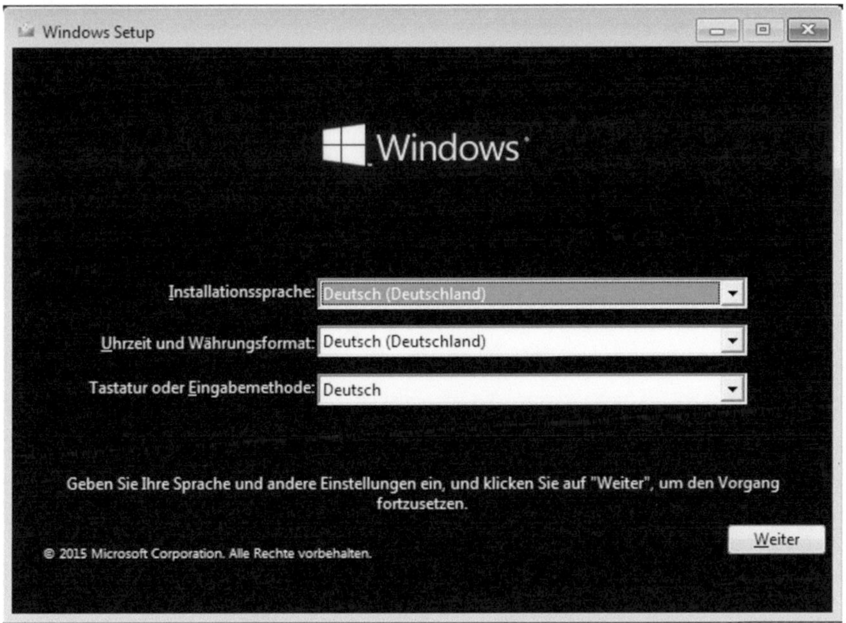

Abbildung 6.1: Beginn der Installation

Sie werden viele Parallelen zur Server-Installation erkennen.

Es dauert nicht lange, bis das erste Auswahlfenster erscheint. Hier können Sie die Installationssprache wählen, das ist in unserem Fall „Deutsch-Deutschland".

Mit der Auswahl „Uhrzeit und Währungsformat" können Sie die Installation auf Ihre persönlichen Bedürfnisse anpassen, genauso mit „Tastatur oder Eingabemethode".

Wenn Sie mit der Auswahl zufrieden sind, klicken Sie auf „Weiter".

Im nächsten Fenster müssen Sie den Lizenzvertrag lesen und akzeptieren.

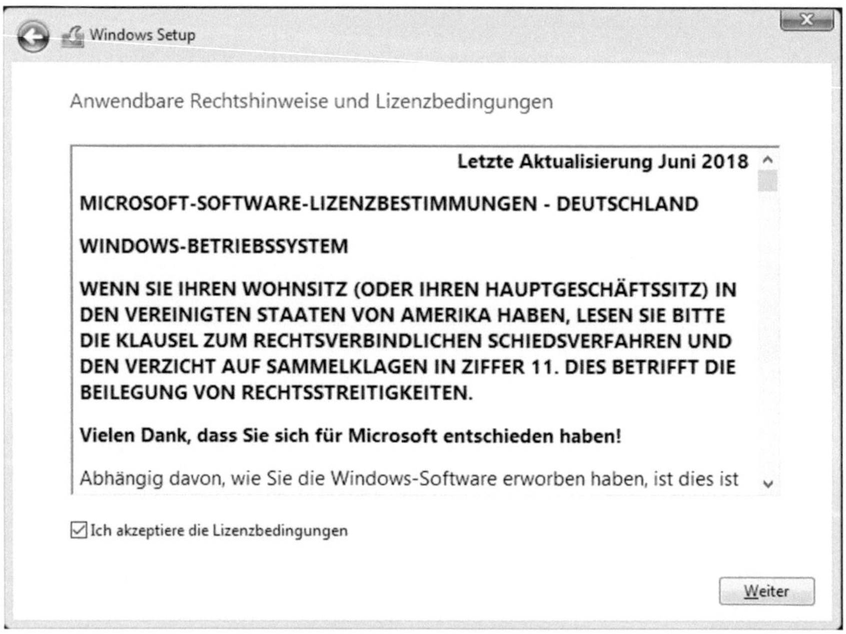

Abbildung 6.2: Lizenzvertrag

Nun kommt das Fenster mit der Frage „Wo wollen Sie Windows installieren?"

Hier wählen Sie die gewünschte Partition für die Installation aus.

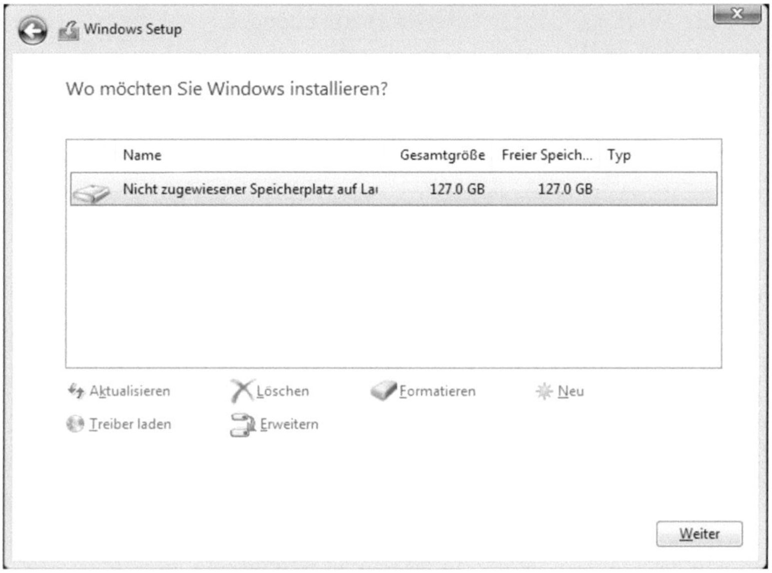

Abbildung 6.3: Auswahl Partition

Nun beginnt die Installation.

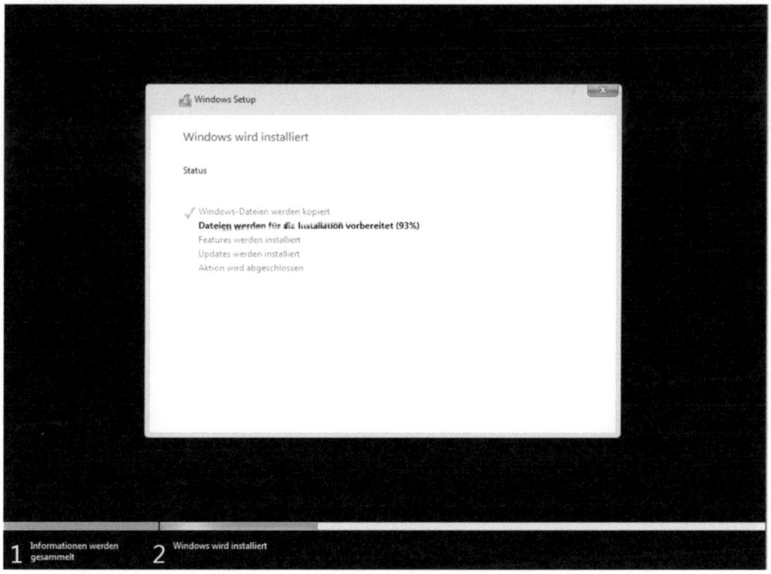

Abbildung 6.4: Die Installation beginnt

Nach einer Weile ist die Grundinstallation beendet.

Sie müssen die Frage nach der Region bestätigen. Im Idealfall ist unsere vorherige Wahl (Deutschland) schon vorausgewählt. Dies bestätigen Sie mit „Ja“.

Abbildung 6.5: Region

Das gleiche gilt für die Bestätigung des Tastaturlayouts.

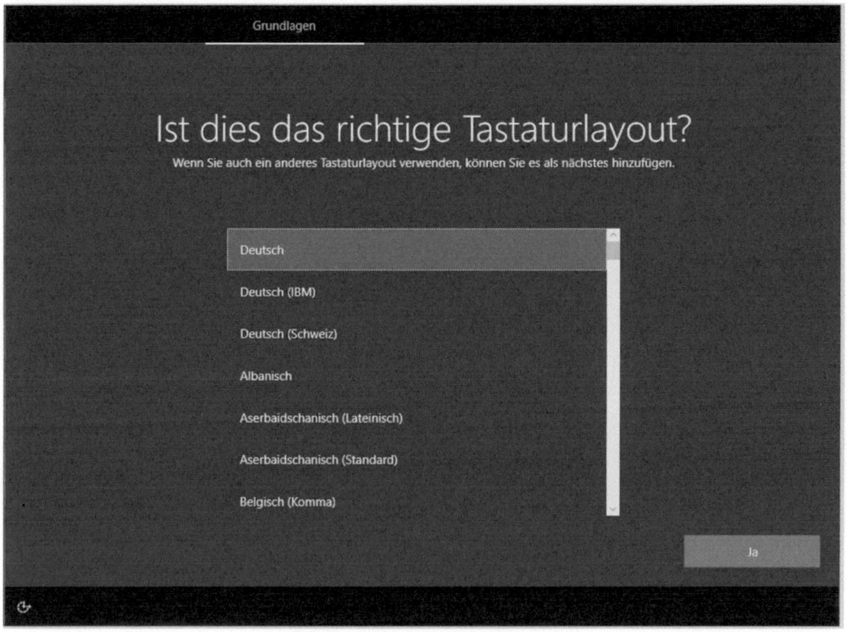

Abbildung 6.6: Tastaturlayout

Sie könnten an dieser Stelle gleich ein zweites Tastaturlayout, sprich eine zweite Sprache hinzufügen, wenn Sie wollten.

Die nächste Abfrage ist die nach dem Netzwerk. Der Zugang kann bei Bedarf gleich oder später konfiguriert werden.

Abbildung 6.7: Netzwerkzugang

Nun kommt die Frage „Von wem wird dieser PC genutzt?“ Damit wird ein Benutzerkonto im SAM angelegt.

Sie geben einen Benutzernamen an, zum Beispiel „User1“.

Dann geben Sie ein sicheres Kennwort an und wiederholen es.

Kennwörter sollen nicht zu kurz sein, und sollen sowohl Groß- als auch Kleinbuchstaben und mindestens eine Zahl enthalten.

Danach müssen Sie noch drei Sicherheitsabfragen konfigurieren, damit Sie im Notfall mit diesen Angaben Zugriff auf den Rechner erlangen können.

Dann klicken Sie auf „Weiter“

Abbildung 6.8: Angaben zu Benutzer und Kennwort

Die nächste Frage ist, ob Cortana gleich aktiviert werden soll.

Danach kommt die Abfrage, ob Sie den geräteübergreifenden Aktivitätsverlauf benutzen möchten.

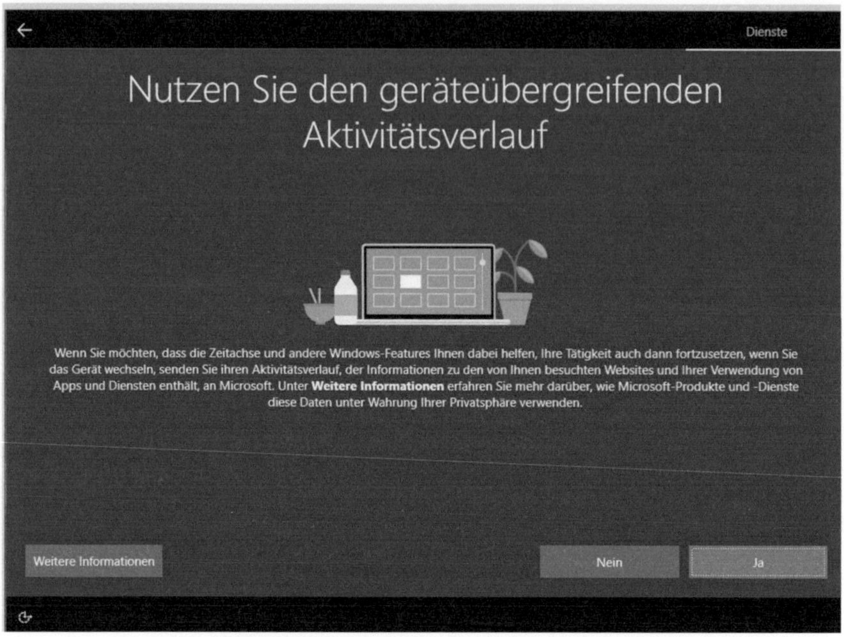

Abbildung 6.9: Geräteübergreifender Aktivitätsverlauf

Dies macht nur Sinn, wenn ein Benutzer mehrere verschiedene Windows Geräte benutzt und Daten zwischen diesen Geräten austauschen möchte.

Windows 10 fragt nun nach diversen Einstellungen, wie Spracheingaben, Standorterkennung, Geräte suchen, Diagnosedaten senden und einiges mehr.

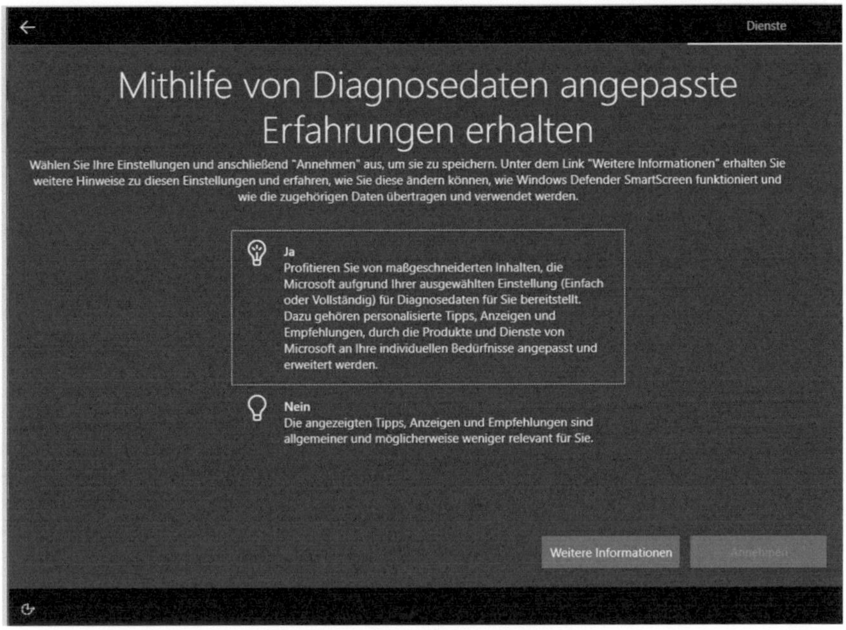

Abbildung 6.10: Diverse Abfragen

All dies beinhaltet Datenübertragung an Microsoft, deswegen sollten Sie gut überlegen, welche Funktionen Sie benötigen, alle anderen sollten Sie so gering wie möglich konfigurieren.

Die Installation wird nun mit den getroffenen Einstellungen fortgesetzt.

Nach einer Weile ist Windows 10 fertig installiert und Sie werden angemeldet.

Eine Frage stellt sich aber:

Wie heißt der Computer?

Während der Installation wurde nie nach einem Computernamen gefragt.

Lassen Sie uns den Computernamen betrachten. Dazu tippen Sie links unten ein „Systemsteuerung“. Die Desktop App „Systemsteuerung“ wird angezeigt, diese wählen Sie aus.

Hier wechseln Sie auf „System und Sicherheit“, „System“.

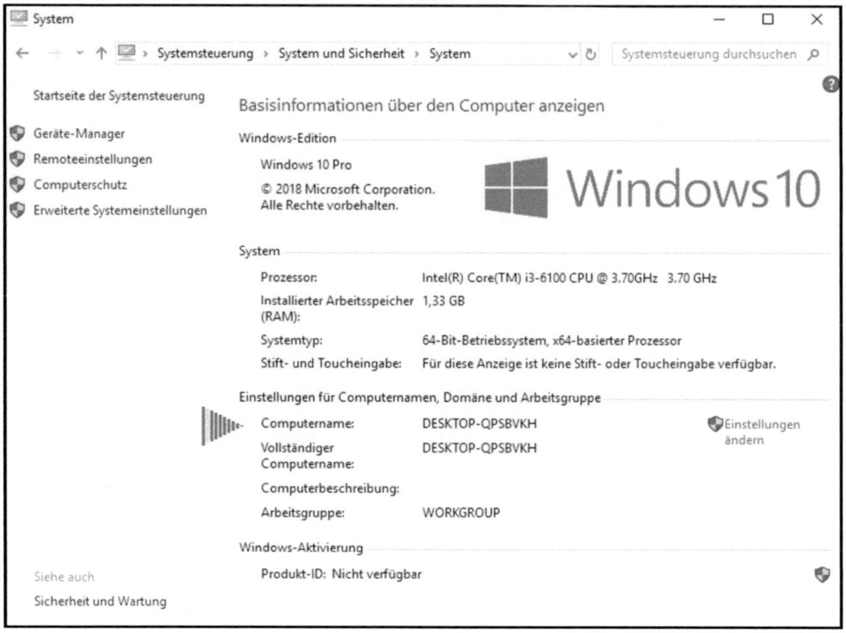

Abbildung 6.11: Computername

Auf dieser Seite können Sie den Computernamen erkennen. Er ist kryptisch, denn er wurde nach einem Zufallsprinzip automatisch bei der Installation erstellt.

Sie sollten diesen Namen ändern und einen aussagekräftigeren Namen vergeben, zum Beispiel „Client1“. Dazu klicken Sie auf „Einstellungen ändern“.

Die Registerkarte „Computername“ erscheint.

Im unteren Bereich steht „Klicken Sie auf Ändern, um diesen Computer umzubenennen oder dessen Domäne oder Arbeitsgruppe zu ändern.“

Das ist die Schaltfläche, die Sie benötigen.

Klicken Sie auf „Ändern“.

Den Computernamen ersetzen Sie mit „Client1".

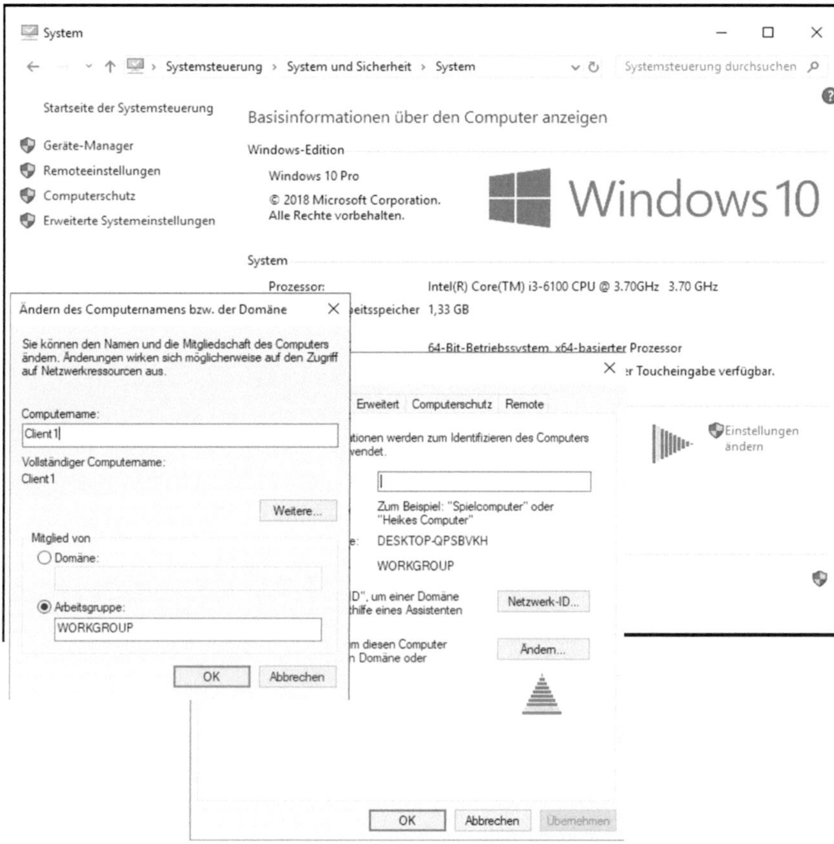

Abbildung 6.12: Ändern des Namens

Der Computer verlangt einen Neustart, danach steht er mit einem neuen Computernamen zur Verfügung.

6.2 Der Domäne beitreten

Der Client ist installiert, es existiert bereits ein Benutzerkonto in der Domäne, was muss noch beachtet werden?

Nun, damit der Domänencontroller die zentrale Steuereinheit für alle Vorgänge in der Domäne sein kann, müssen ihm alle Fakten bekannt sein.

Das Benutzerkonto ist eine Information, die ihm zur Verfügung stehen muss, aber was ist mit dem Computer?

Genau, der Domänencontroller benötigt auch Informationen über den Computer.

Dies erfolgt, indem der Computer sich beim Domänencontroller vorstellt, und ein Konto für ihn erstellt wird. Damit ist auch der Computer Mitglied der Domäne und kann zentral gesteuert werden.

Dieser Vorgang wird „Der Domäne beitreten“ genannt.

Der Client hat ja über DHCP bereits alle IP-Informationen erhalten, die er für eine Kommunikation im Netzwerk benötigt.

Dies können Sie auch kontrollieren, indem Sie eine Eingabeaufforderung öffnen und den Befehl:

Ipconfig /all

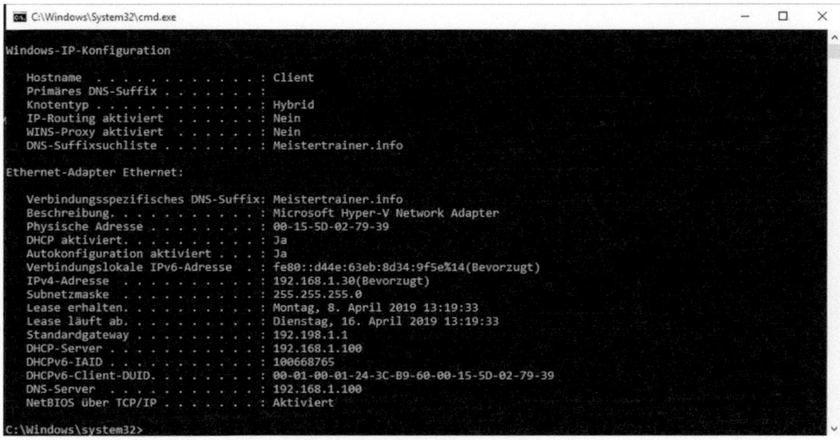

Abbildung 6.13: Ipconfig /all

eingeben.

Hier sollten nun die richtigen Werte für

- IP-Adresse
- Subnetzmaske
- DNS-Server
- Standardgateway

angezeigt werden.

Wenn hier alle Werte korrekt sind, können Sie beginnen, den Client der Domäne hinzuzufügen.

Sie gehen folgenden Weg:

- Systemsteuerung
- System und Sicherheit
- System

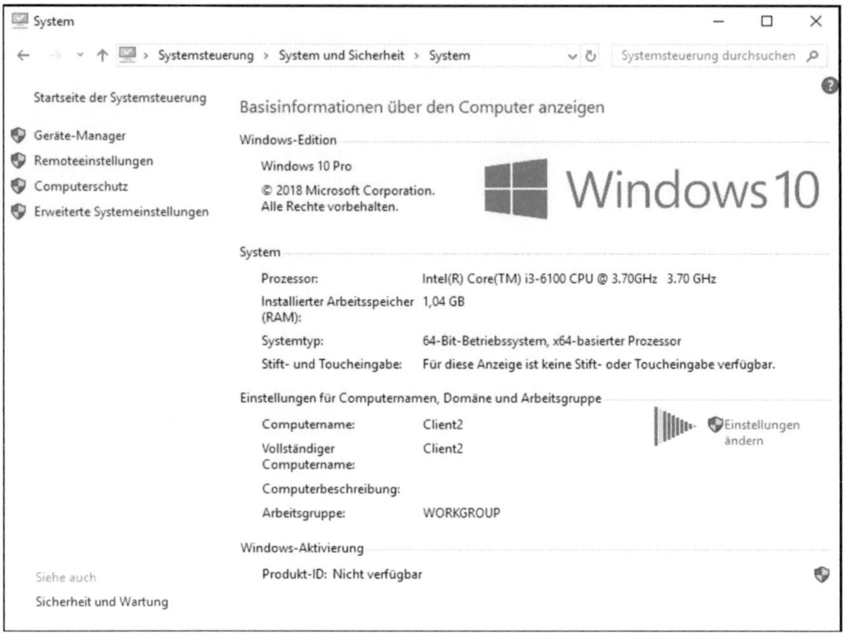

Abbildung 6.14: Domänenbeitritt

Sie sehen hier „Einstellungen für Computernamen, Domäne und Arbeitsgruppe.

Hier wählen Sie „Einstellungen ändern“.

In diesem Fenster werden Ihnen der Computername und die Arbeitsgruppen- bzw. Domänenzugehörigkeit angezeigt.

Um einer Domäne beizutreten, klicken Sie auf „Ändern“.

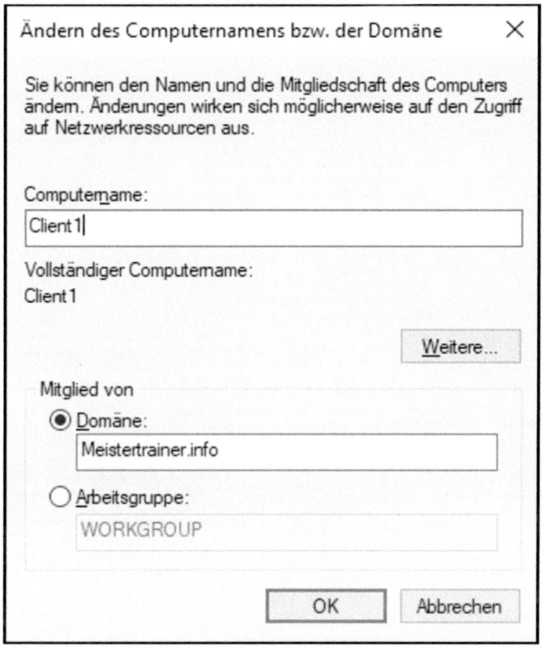

Abbildung 6.15: Eingeben des Namens der Domäne

Klicken Sie nun auf „Domäne" und tragen Sie den Namen der Domäne ein, in Beispiel „Meistertrainer.info".

Als nächstes erfolgt eine Abfrage, in der Sie einen Benutzernamen und ein Kennwort eingeben müssen.

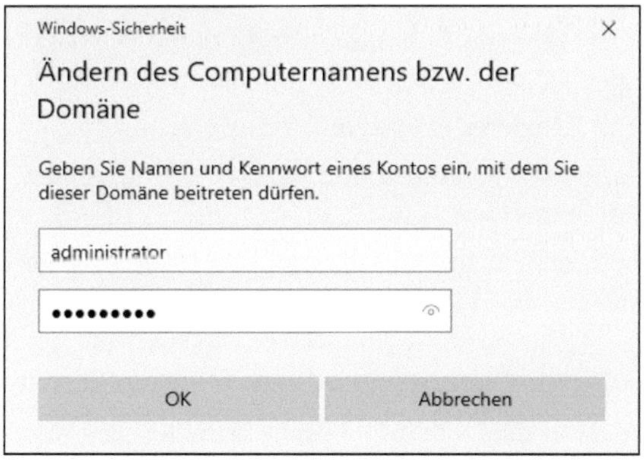

Abbildung 6.16: Eingabe der Berechtigung

Hier müssen Sie ein Domänenbenutzerkonto eingeben, welches das Recht hat, der Domäne beizutreten.

Das ist beispielsweise das Administratorkonto der Domäne.

Nach einer kurzen Zeit erscheint die Meldung, dass Sie nun der Domäne beigetreten sind.

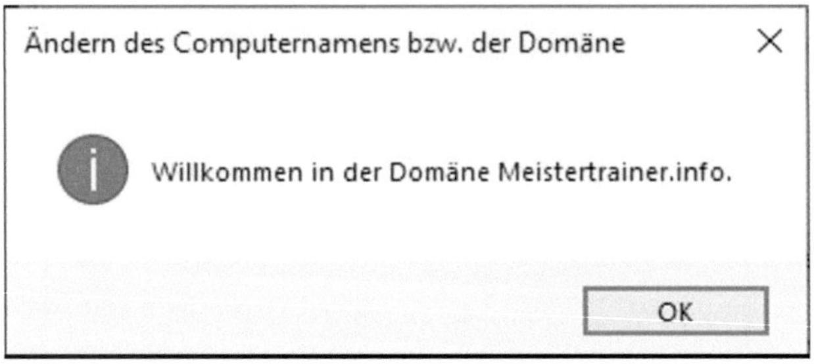

Abbildung 6.17: Der Domänenbeitritt ist beendet

Nun erfolgt ein zwingender Neustart.

Sie können sich nun entweder am lokalen Computer oder an der Domäne anmelden.

Wenn Sie sich lokal anmelden, benötigen Sie auch ein Konto, das in der lokalen Datenbank SAM geführt wird, z.B. das Konto „User1".

Das macht aber eigentlich keinen Sinn, denn Sie wollen ja, dass in Zukunft alles zentral vom Domänencontroller gesteuert werden kann.

Also wählen Sie „Anderer Benutzer".

Sie sehen, nun wird angezeigt, dass Sie sich an der Domäne „Meistertrainer" anmelden können.

Natürlich benötigen Sie nun ein Konto, das in der Domäne angelegt ist, zum Beispiel das Konto von Karl Klammer, das Sie zuvor erstellt haben.

Wenn Sie nun das Kennwort eingeben, erhalten Sie die Meldung, dass das Kennwort geändert werden muss.

Das ist richtig, denn dies haben Sie beim Erstellen des Kontos festgelegt.

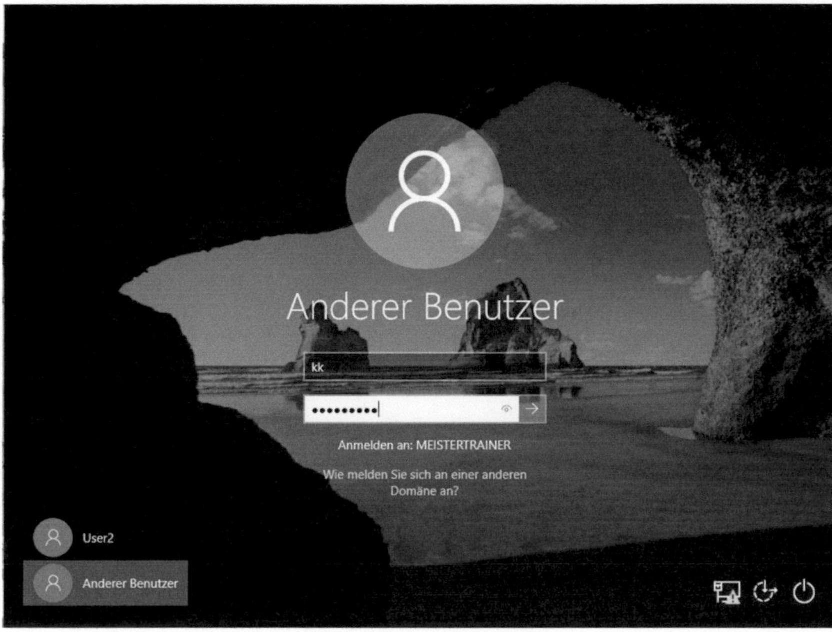

Abbildung 6.18: Anmeldung

Diese Vorgehensweise dient der Sicherheit.

Normalerweise erstellen Sie das Konto für einen Benutzer in der Domäne, vergeben ein Kennwort, legen fest, dass der Benutzer es bei der ersten Anmeldung ändern muss und teilen ihm das Kennwort mit.

Nun kann sich der Benutzer einmal mit diesem Kennwort anmelden, dann muss er es ändern.

Damit ist sichergestellt, dass niemand außer dem Benutzer selber das Kennwort kennt und ein unberechtigter Zugriff ist damit ausgeschlossen.

Lassen Sie uns schnell noch einen Blick auf den Domänencontroller werfen.

Ich möchte überprüfen, ob nun tatsächlich ein Konto für den Client existiert.

Dafür öffnen Sie die Konsole „Active Directory Benutzer und Computer" und navigieren zum Container „Computers".

Tatsächlich ist hier nun ein Konto für den Computer angelegt.

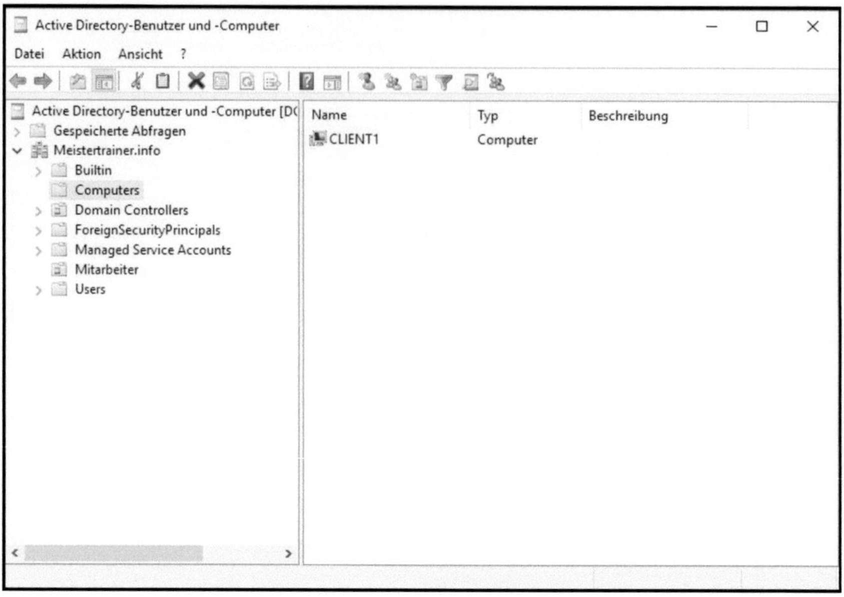

Abbildung 6.19: Computerkonto ist angelegt

7 Dateiserver

7.1 Grundlagen

In jedem produktiven Netzwerk wird gearbeitet.

Mitarbeiter erstellen Angebote, Rechnungen, schreiben Briefe, erstellen Kalkulationen und vieles mehr.

All diese Dateien müssen gespeichert werden.

Aber das ist nicht alles. Die Daten müssen nicht nur „aufbewahrt“ werden, sondern Sie müssen bei der Speicherung noch viele andere Dinge bedenken, z.B.

- Die Daten müssen sicher gespeichert sein, und nicht versehentlich zerstört werden können
- Sie müssen für alle berechtigten Benutzer verfügbar sein
- Sie dürfen für unberechtigte Benutzer nicht verfügbar sein.

Diese Funktion übernimmt ein Dateiserver.

Auf ihm richten Sie Freigaben ein. Die Benutzer können ihre Dateien in diesen Freigaben speichern und jederzeit darauf zugreifen.

Allerdings müssen Sie nun dafür sorgen, dass diese Daten nicht von unberechtigten Personen gelesen werden können. Ein Beispiel hierfür ist die Buchhaltung, sie muss viele Daten sicher speichern, aber die meisten Benutzer im Netzwerk sollten auf diese Daten keinen Zugriff haben.

Um diese Anforderung sicherzustellen, teilen Sie die Benutzer in „Gruppen“ auf. Diese Informationen können Sie im Active Directory hinterlegen.

Dann können Sie Zugriffsberechtigungen auf die verschiedenen Freigaben vergeben, geknüpft an die Gruppenzugehörigkeit.

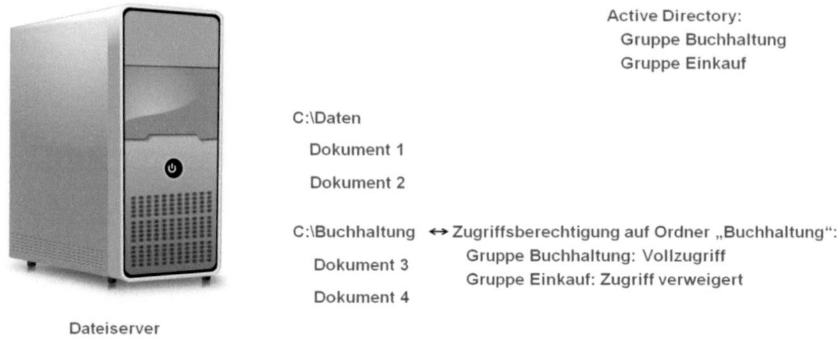

Abbildung 7.1: Dateiserver

Ein weiterer Aspekt des Dateiservers ist die Zugriffsgeschwindigkeit. Wenn viele Daten gleichzeitig geschrieben und gelesen werden sollen, ist ein hoher Datendurchsatz wichtig. Auf jeden Fall benötigen Sie schnellen, redundanten Festplattenspeicher.

Dies ist der Moment, an dem Sie sich über das Einrichten eines Dateiservers grundsätzliche Gedanken machen müssen.

Die Frage, die Sie sich stellen müssen, lautet:

Hoste ich den Dateiserver selber oder speichere ich meine Daten in der Cloud?

Wenn Sie sich für die Cloud entscheiden, sollten Sie die verschiedenen Angebote vergleichen und das für Sie ideale heraussuchen. Bedenken Sie aber auch die Nachteile der Cloud, wie die ständig benötigte Internetverbindung.

Wenn Sie sich für ein eigenes Hosting der Daten entscheiden, ist die nächste Frage:

Benutze ich ein Speichersystem eines Fremdanbieters oder speichere ich auf einem Microsoft-Server?

Das Speichern auf einem Dateiserver eines Fremdanbieters ist häufig eine gute Lösung.

Dies sind meistens kleine Kästchen mit mehreren Festplatten, die einfach im Netzwerk angeschlossen werden können.

Sie können sich aber auch für eine Speicherlösung auf einem Microsoft-Server entscheiden, hierbei können Sie oft den bereits vorhandenen Domänencontroller benutzen und um diese Funktion erweitern.

Wenn Sie das nicht möchten, sondern einen eigenen Dateiserver konfigurieren möchten, ist das natürlich auch möglich

In diesem Fall installieren Sie einen neuen Server und geben ihm eine statische IP-Adresse aus dem für Server und Geräte reservierten Bereich.

Egal, für welche Methode Sie sich entscheiden, Sie sollten auf jeden Fall an die Fehlertoleranz denken und mindestens zwei Festplatten benutzen, auf die die Daten gleichzeitig geschrieben werden, denn falls eine Platte ausfällt, haben Sie noch die zweite Festplatte mit den gespiegelten Daten zur Verfügung.

Beim Cloud-Hosting erledigt das der Anbietet für Sie, wenn Sie die Daten selber speichern möchten, müssen Sie diese Anforderung beim Kauf der Hardware berücksichtigen und gleich Festplattencontroller mit Fehlertoleranz kaufen.

7.2 Die Datenträgerverwaltung

Ein Bestandteil des Betreibens eines Dateiservers ist die Datenträgerverwaltung.

Wenn Sie einen Server als Dateiserver betreiben wollen, egal, ob er schon eine vorherige Funktion hat, wie beispielsweise der Domänencontroller, oder ob es ein neu eingerichteter Server ist, werden Sie wahrscheinlich neue Festplatten hinzufügen.

Diese Festplatten müssen im System angemeldet und für das Speichern von Daten vorbereitet werden.

Dies ist zwar keine Aufgabe, die täglich durchgeführt werden muss, aber dennoch eine wichtige Arbeit, um Daten zu organisieren.

7.2.1 Verwaltung mithilfe der grafischen Oberfläche

Die grafische Festplattenverwaltung finden Sie in der Konsole „Datenträgerverwaltung".

Diese erreichen Sie, indem Sie im Server-Manager die „Tools" auswählen.

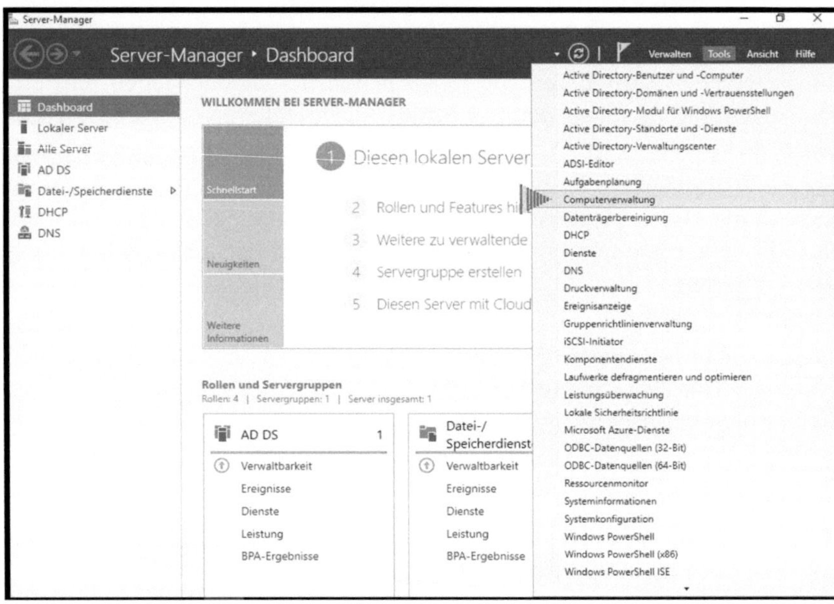

Abbildung 7.2: Tools

Hier öffnen Sie die „Computerverwaltung".

Innerhalb der Computerverwaltung wählen Sie die „Datenträgerverwaltung" aus.

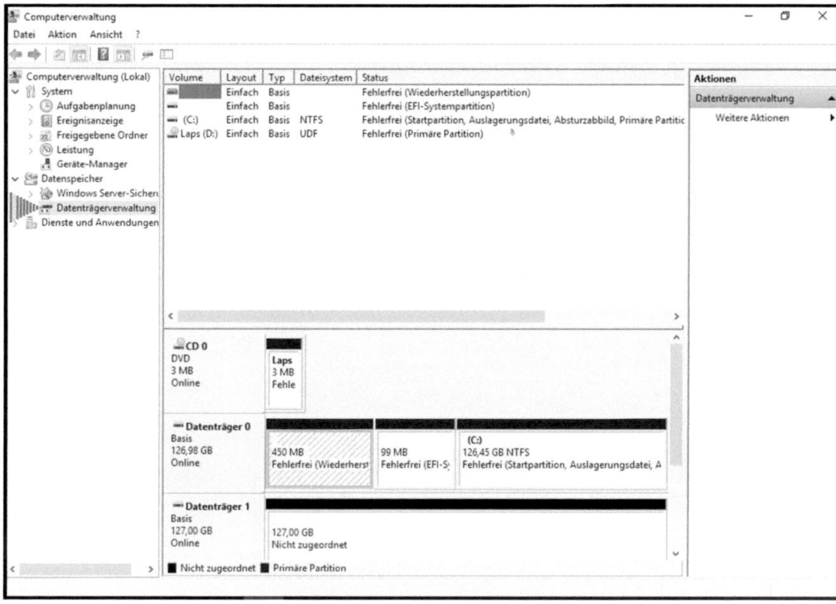

Abbildung 7.3: Datenträgerverwaltung

Hier sehen Sie alle bestehenden Partitionen abgebildet, und auch der freie, nicht zugeordnete Bereich der Festplatten kann hier verwaltet werden.

Auffällig ist, dass die Nummerierung der Festplatten mit „0“ beginnt, nicht etwa mit „1“!

Betrachten wir den Datenträger „0“, also die erste Festplatte im System.

Was Sie deutlich erkennen können, ist die Tatsache, dass die Festplatte „C:“ nicht die erste Partition im System ist, sondern dass sich davor noch zwei weitere Partitionen befinden.

Dies sind Partitionen, die das System bei der Installation angelegt hat, für die Verwaltung der Festplatten im System hat das keine Bedeutung.

Erst danach beginnen die Partitionen mit Laufwerksbuchstaben, in unserem Fall ist dies die Partition C:\.

Erstellen von neuen Partitionen

Auf Festplatten können sehr einfach neue Partitionen erstellt werden.

Datenträger 1 ist eine neue, gerade ins System eingebaute Festplatte. Hier wollen wir nun Partitionen erstellen.

Dafür klicken Sie mit der rechten Maustaste auf den nicht zugeordneten Bereich und wählen „Neues einfaches Volume“.

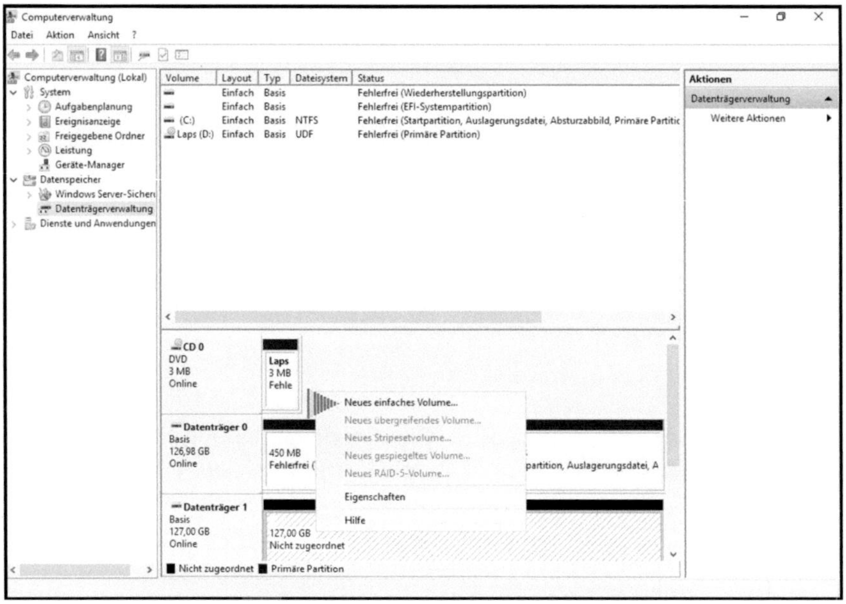

Abbildung 7.4: Erstellen eines Volumes

Ein Assistent startet.

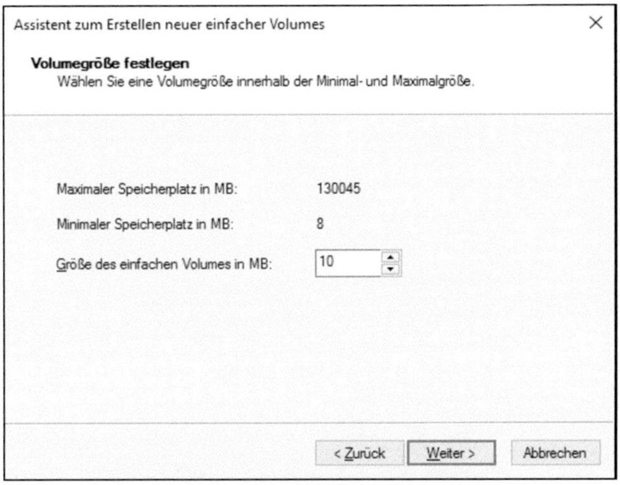

Abbildung 7.5: Festlegen der Größe

Nun müssen Sie die Größe der Partition angeben.

Den Laufwerksbuchstaben für die neue Partition können Sie frei wählen, und sind nicht an die Reihenfolge im Alphabet gebunden.

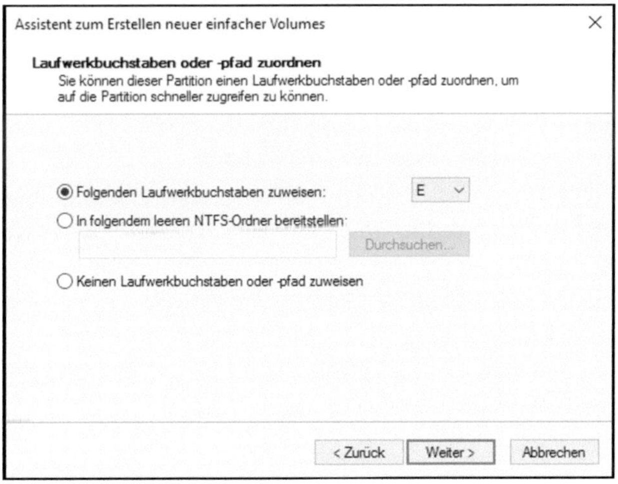

Abbildung 7.6: Auswahl des Laufwerksbuchstabens

Zuletzt wählen Sie noch die Formatierung.

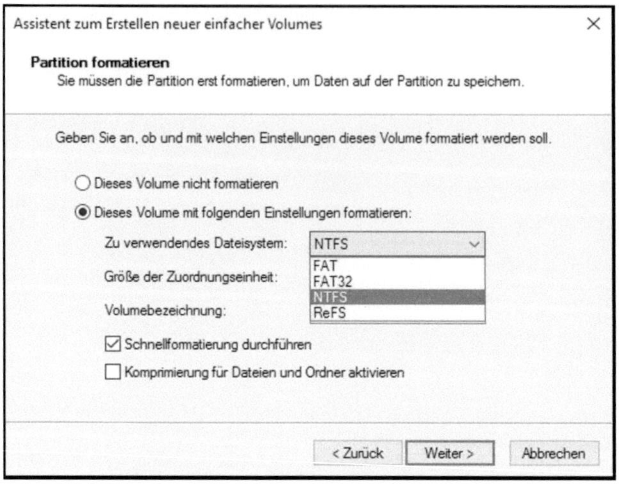

Abbildung 7.7: Auswahl der Formatierung

Sie können die Partition unformatiert lassen, oder sofort formatieren. Hier können Sie wiederum das Dateisystem, die Größe der Zuordnungseinheiten und die Laufwerksbezeichnung auswählen.

FAT und FAT32 sind veraltete Dateisysteme, diese sollten Sie nicht mehr auswählen.

ReFS ist eine Weiterentwicklung des Dateisystems NTFS. Es ist robuster und kann extrem große Festplatten verwalten.

Während NTFS maximal 256 Terrabyte verwalten kann, kann ReFS bis zu 4,7 Zettabyte ansprechen. Für extrem große Festplatten ist also ReFS die bessere Wahl.

NTFS ist aber immer noch der Standard und wird in den meisten Fällen gewählt.

Danach ist der Assistent abgeschlossen, und nach der Formatierung steht Ihnen die neue Partition zur Verfügung.

Nun können Sie auf dieser Partition Daten speichern.

7.3 Freigaben

Nach dem Einrichten der Festplatten, auf denen die Daten in Zukunft gespeichert werden sollen, müssen Sie kurz überlegen, wie die Benutzer auf diese Speicherplätze zugreifen können.

Die Grundvoraussetzung, um auf Ressourcen auf einem anderen Computer zugreifen zu können, sind Freigaben.

Das bedeutet, dass zunächst auf dem Dateiserver Ordner angelegt werden müssen, diese können dann freigegeben werden.

Wenn Sie dann im Explorer die Netzwerkumgebung öffnen und betrachten, welche Ordner Sie auf einem anderen Computer sehen können, werden Sie feststellen, dass nur ein Bruchteil der vorhandenen Ordner angezeigt wird.

Nur die Ordner, die Sie hier sehen, sind auf einem anderen Rechner freigegeben worden.

Damit ergibt sich der Kernpunkt für Freigaben:

Um auf einen Ordner, der sich auf einem anderen Rechner befindet, zugreifen zu können, muss dieser Ordner freigegeben worden sein. Ordner, die nicht freigegeben worden sind, sind über das Netzwerk nicht zu erreichen.

Wenn ein Ordner freigegeben ist, haben Sie Zugriff auf alle Daten, die dieser Ordner beinhaltet, also auch auf Ordner, die unterhalb des freigegebenen Ordners angelegt worden sind.

7.3.1 Erstellen einer Freigabe und die Rechte auf die Standardfreigabe

Eine Freigabe zu erstellen ist sehr einfach.

Sie wechseln auf den Domänencontroller.

Hier ist bereits ein Ordner mit dem Namen „Daten“ angelegt, in dem später die Daten der Benutzer gespeichert werden sollen.

Öffnen Sie den Explorer und navigieren Sie zum Ordner „Daten“.

Darauf klicken Sie mit der rechten Maustaste und wählen „Eigenschaften – Freigabe“

Klicken Sie auf die Auswahl „Freigabe“.

Nun können Benutzer ausgewählt werden, für die dieser Ordner freigegeben werden soll.

Sie öffnen die Auswahl und wählen „Personen suchen".

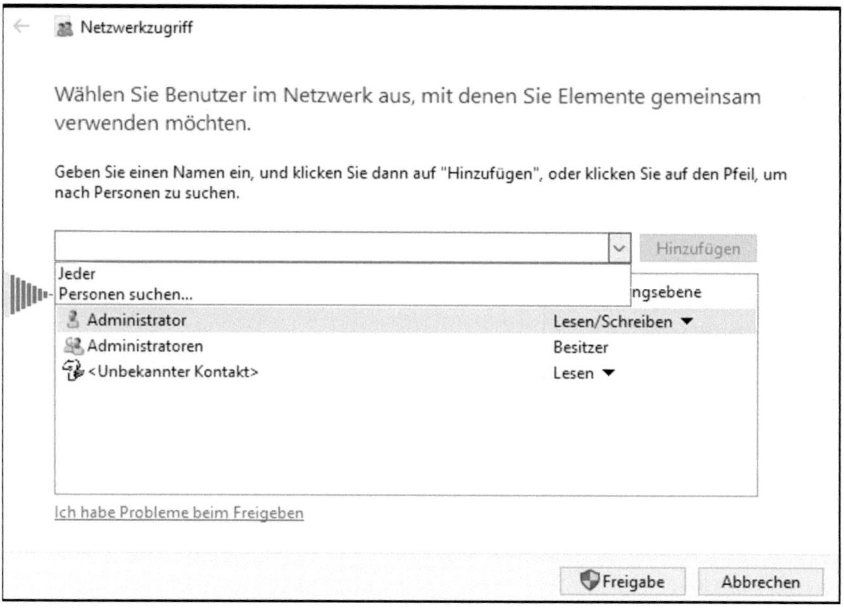

Abbildung 7.8: Peron wählen

In der jetzt erscheinenden Maske klicken Sie auf „Erweitert".

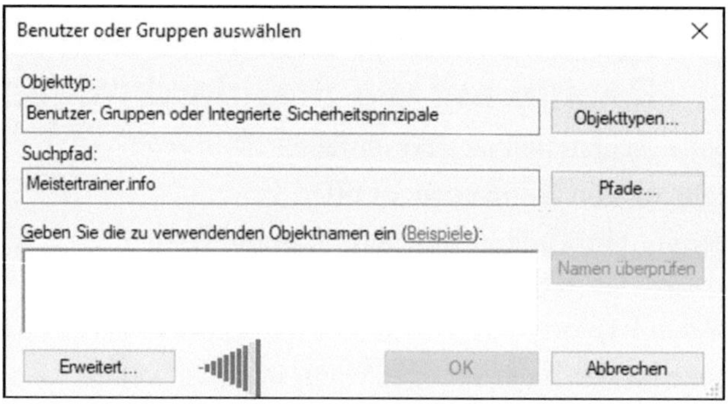

Abbildung 7.9: Erweiterte Anzeige

Sie sehen an dieser Stelle, dass alle Konten der Domäne „Meistertrainer.info“ angezeigt werden können.

Das ist sinnvoll, denn solche zentralen Steuerungen, wie Zugriff auf Freigaben, sollten immer in der Domäne verwaltet werden.

Sie haben damit eine einzige Stelle, an der Sie die Konten führen müssen.

Nun klicken Sie auf „Jetzt suchen“ und erhalten alle Konten und Gruppen.

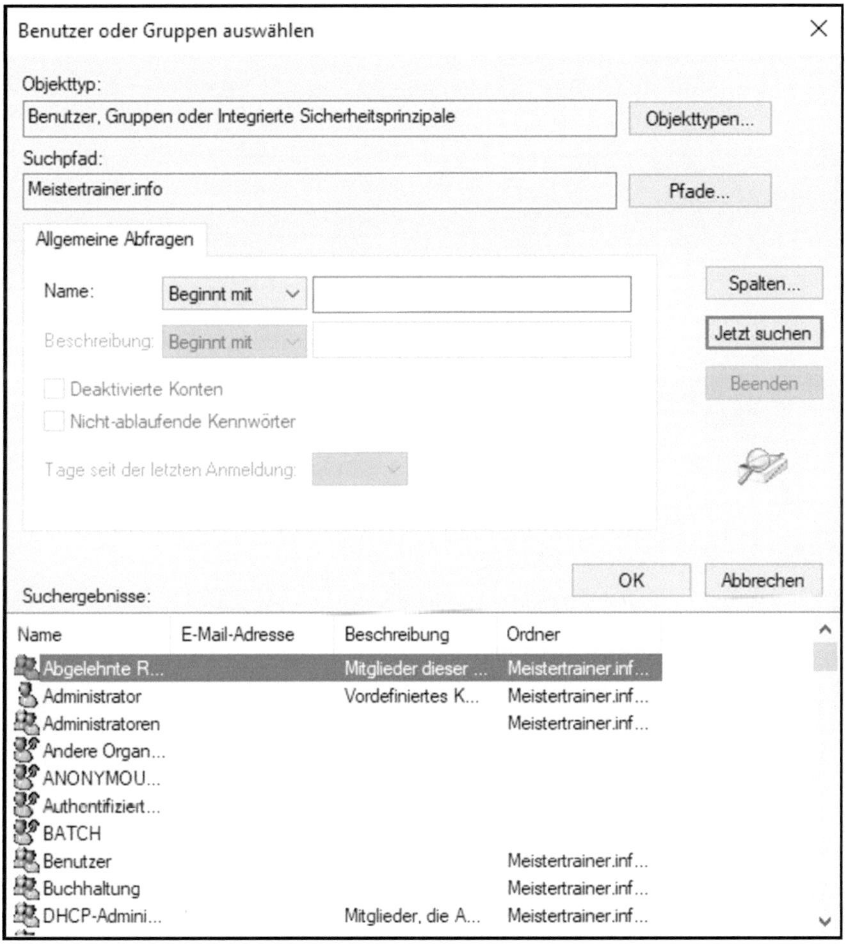

Abbildung 7.10: Benutzer und Gruppen

Stopp!

Gruppen?

Bisher haben wir doch nur von Benutzerkonten geredet!

Lassen Sie uns deswegen einen kurzen Ausflug in die Konsole „Active Directory Benutzer und Computer“ machen.

Nehmen wir einmal folgendes Szenario an:

Sie haben fünf Mitarbeiter, nennen wir Sie hier M1 bis M5.

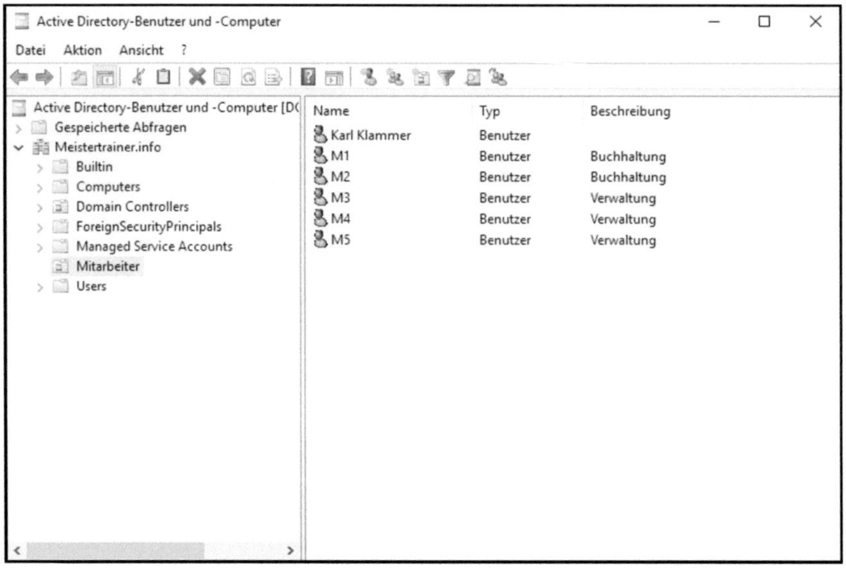

Abbildung 7.11: 5 Mitarbeiter

M1 und M2 arbeiten in der Abteilung Buchhaltung, M3, M4 und M5 sind Angestellte in der Verwaltung.

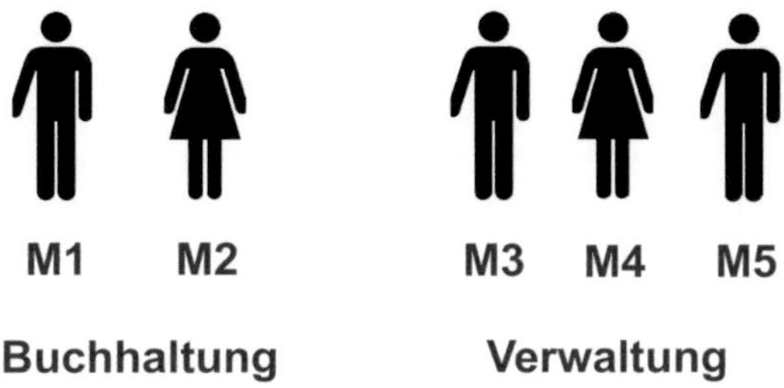

Abbildung 7.12: Verschiedene Mitarbeiter

Die Buchhalter benötigen nur auf alle Buchhaltungsdaten Zugriff, die Verwaltungsangestellten auf alle anderen Daten, wie Rechnungen und Briefe.

Natürlich können Sie die Berechtigungen an einzelne Personen vergeben, aber wäre es nicht einfacher, diese Personen in Gruppen zusammenzufassen, also eine Gruppe mit Namen „Buchhaltung“ und eine Gruppe mit Namen „Verwaltung“?

Sie erstellen dafür nun diese beiden Gruppen, vergeben Namen und lassen alle anderen Einstellungen, wie sie sind.

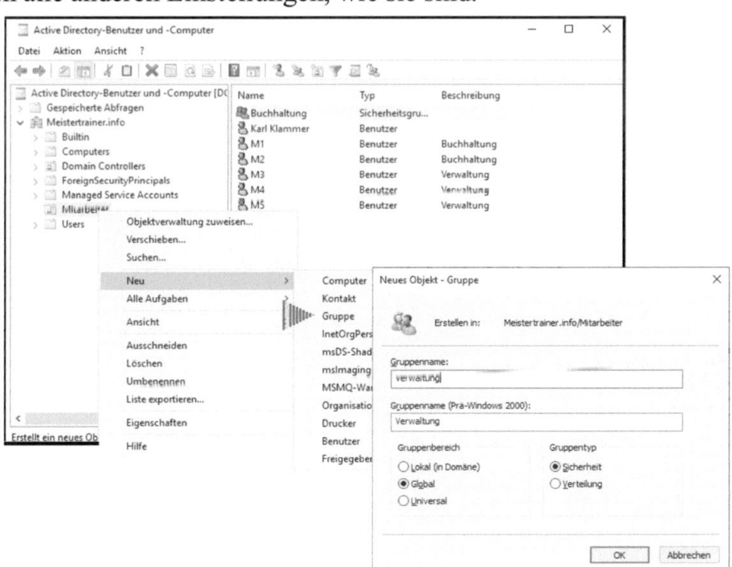

Abbildung 7.13: Gruppen erstellen

Nun öffnen Sie die Gruppe „Buchhaltung“, und fügen einfach die Mitarbeiter M1 und M2 in diese Gruppe.

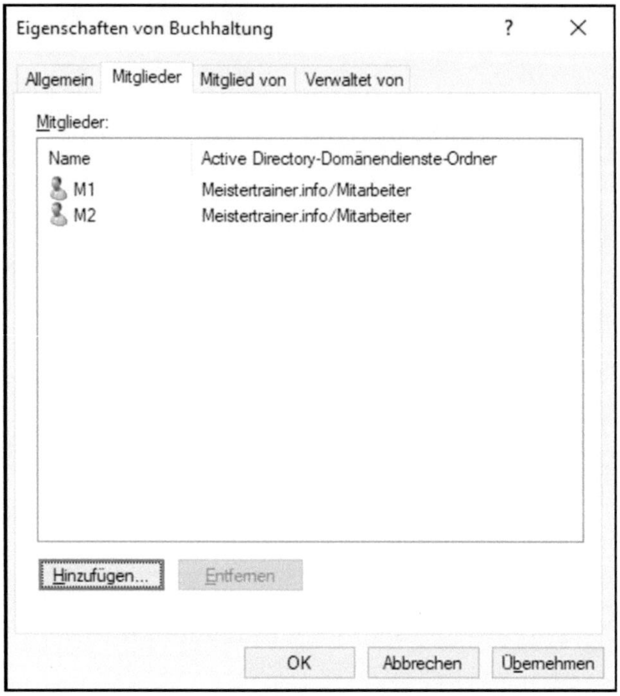

Abbildung 7.14: Mitglieder in Gruppen fügen

Dasselbe machen Sie mit M3, M4 und M5. Sie werden in die Gruppe „Verwaltung“ eingefügt.

Nun haben Sie Benutzer in Gruppen zusammengefasst.

Was soll das bringen?

Ganz einfach, diese Vorgehensweise hat mehrere Vorteile.

Vorteil 1:

Sie müssen die Zugriffsberechtigungen nur noch an die Gruppe vergeben, nicht mehr an einzelne Personen. Das ist weniger fehlerträchtig.

Vorteil 2:

Sollte ein Mitarbeiter wechseln oder ein neuer Mitarbeiter dazukommen, müssen Sie nur die Benutzerkonten löschen beziehungsweise erstellen und in die entsprechende Gruppe setzen. Die Zugriffsberechtigungen sind dann automatisch richtig.

Lassen Sie uns nun zu den Freigaben zurückkehren.

Nehmen wir an, im Ordner „Daten“ werden alle Daten für die Verwaltung gespeichert.

Sie haben nun die Möglichkeit, die Freigaberechte an die einzelnen Mitarbeiter zu vergeben oder einmal an die ganze Gruppe.

Sie sollten natürlich die Gruppe wählen und die Zugriffsrechte der Gruppe „Verwaltung“ zuweisen.

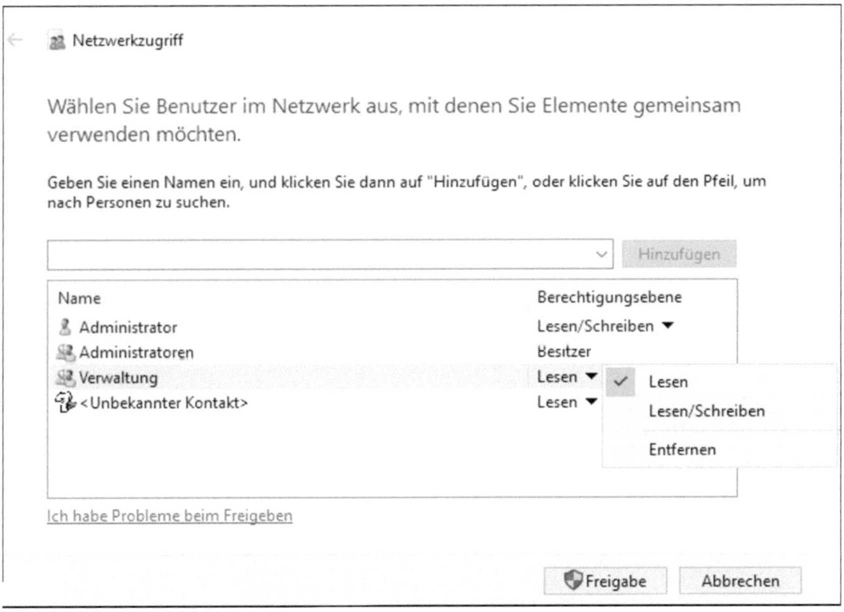

Abbildung 7.15: Gruppe Verwaltung

Stellt sich nur noch die Frage, welche Art des Zugriffs die Mitglieder der Abteilung „Verwaltung“ haben sollen.

Es gibt drei verschiedene Arten der Berechtigungsstufen:

- Lesen
- Lesen/Schreiben
- Besitzer

Diese drei Stufen stellen die Berechtigungen dar, die ein Benutzer auf diesen Ordner hat, wenn er sich über das Netzwerk mit der Freigabe verbindet.

Lesen

„Lesen" bedeutet, dass der Benutzer alle Daten betrachten kann, aber keine Änderungen vornehmen kann. Das bedeutet, dass er keine Daten in diesem Ordner erstellen kann, und die vorhandenen Daten nicht verändern kann.

Mit dem Recht „Lesen" können auch Programme in dem freigegebenen Ordner ausgeführt werden.

Lesen/Schreiben

„Lesen/Schreiben" gibt das Recht, auch Änderungen an den Daten vorzunehmen, also neue Daten in diesem Ordner zu speichern und vorhandene Daten zu ändern. Das Löschrecht ist auch integriert.

Besitzer

„Besitzer" bedeutet, dass alle anwendbaren Rechte vergeben werden.

Natürlich können Sie alle Berechtigungen auch entfernen.

7.4 NTFS-Rechte

Bisher haben wir uns mit den Freigaberechten beschäftigt. Eine Freigabe ist bekanntlich die elementare Voraussetzung für Zugriff über das Netzwerk.

Aber die Möglichkeiten, den Zugriff zu steuern sind doch recht eingeschränkt. Aus diesem Grund gibt es noch eine zweite Möglichkeit, Zugriffsberechtigungen zu gewähren, die NTFS-Rechte.

Leider haben die Freigaberechte Grenzen:

- Es können nur Rechte auf Ordner vergeben werden, alle Daten, die in diesem Ordner sind, bekommen die gleichen Rechte wie der Ordner. Eine Differenzierung ist somit nicht möglich. Auch können keine Rechte auf einzelne Dateien gegeben werden.
- Es gibt nur drei Stufen der Rechte.
- Ressourcen können nur bei Zugriff über das Netzwerk geschützt werden, nicht aber wenn ein Benutzer direkt am Computer sitzt. Freigaberechte gelten nur bei Netzwerkzugriff.

Dies sind Probleme, die das betagte Freigaberecht nicht lösen kann.

7.4.1 Datei- und Ordnerberechtigungen

Erinnern Sie sich?

Sie haben die Partitionen in der Datenträgerverwaltung mit dem Dateisystem NTFS formatiert.

NTFS hat die Möglichkeit, zusätzliche Informationen zu den Daten im Dateisystem mitzuspeichern.

Das ermöglicht Ihnen, zusätzlich zu den Freigaberechten eine zweite Schiene an Berechtigungen zu definieren: Die NTFS-Rechte.

Mit NTFS-Rechten ist es möglich, die lokale Maschine vor unberechtigtem Zugriff zu schützen. Freigaberechte können ja nur Netzwerkfreigaben schützen, die lokale Maschine ist aber völlig ungeschützt.

Betrachten wir unser Beispiel:

Sie haben eine Freigabe mit dem Namen „Daten“. Diese Freigabe ist mit Freigaberechten geschützt, so dass die Benutzer diese Daten, in unserem Fall die Gruppe „Verwaltung“, nur mit lesendem Zugriff benutzen können.

Wenn es ein Mitarbeiter schafft, sich lokal an den Fileserver zu setzen, und sich dort anzumelden, umgeht er damit die Freigaberechte.

Diese gelten nur bei Zugriff über das Netzwerk. Der lokale Benutzer greift jedoch auf die Ressource direkt zu.

Um alle Daten vor lokalem Zugriff zu schützen, wird ein Schutz benötigt, der lokal verfügbar ist: Die NTFS-Rechte.

NTFS-Rechte sind natürlich nur auf Datenträgern verfügbar, die mit dem Dateisystem NTFS formatiert sind.

NTFS-Rechte können, im Gegensatz zu den Freigaberechten, auch auf jede einzelne Datei angewendet werden. Es ist möglich, einen Ordner mit der Berechtigung „Lesen“ zu versehen, einer einzelnen Datei in diesem Ordner aber das Recht „Vollzugriff“ zuzuweisen.

Ich rate Ihnen aber, auch die NTFS-Rechte immer nur auf Ordner anzuwenden, damit Sie den Überblick bewahren können.

Betrachten wir die Standardrechte bei NTFS. Um die NTFS-Rechte sehen zu können, öffnen Sie den Explorer.

- Rechte Maustaste auf die Ressource, deren NTFS-Rechte Sie sehen möchten
- Eigenschaften
- Registerkarte Sicherheit

Hier sehen Sie die Standardberechtigungen.

Was auffällt, ist die Vielfalt der Berechtigungsstufen. Im Gegensatz zu den Freigaberechten, bei denen es nur drei verschiedene Berechtigungen gibt, findet man hier mehrere Berechtigungen:

- Vollzugriff
- Ändern
- Lesen / Ausführen
- Ordnerinhalte auflisten
- Lesen

- Schreiben
- Spezielle Berechtigungen

Abbildung 7.16: NTFS-Standardberechtigungen

Interessant sind die Doppelbezeichnungen, wie zum Beispiel Lesen, Ausführen. Einen Ordner kann man nicht ausführen, was ist also die Bedeutung dieser Bezeichnungen?

NTFS-Rechte können, wie bereits erwähnt, sowohl auf Ordner als auch auf Dateien angewendet werden. Daraus ergibt sich diese Doppelbezeichnung.

Wenn Sie auf die Schaltfläche „Erweitert" klicken, erhalten Sie detailliertere Informationen zur Rechtestruktur.

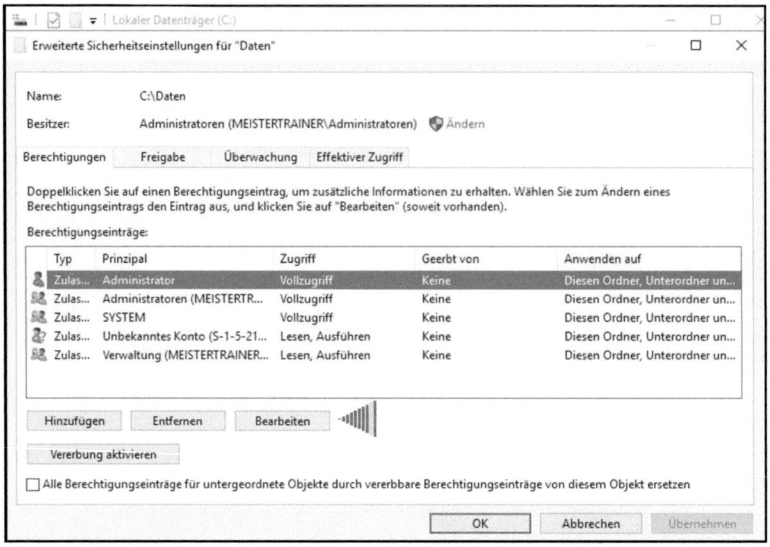

Abbildung 7.17: Die Rechte in genauerer Aufschlüsselung

Um die einzelnen Rechte anzeigen zu lassen, klicken Sie auf die Schaltfläche „Bearbeiten“.

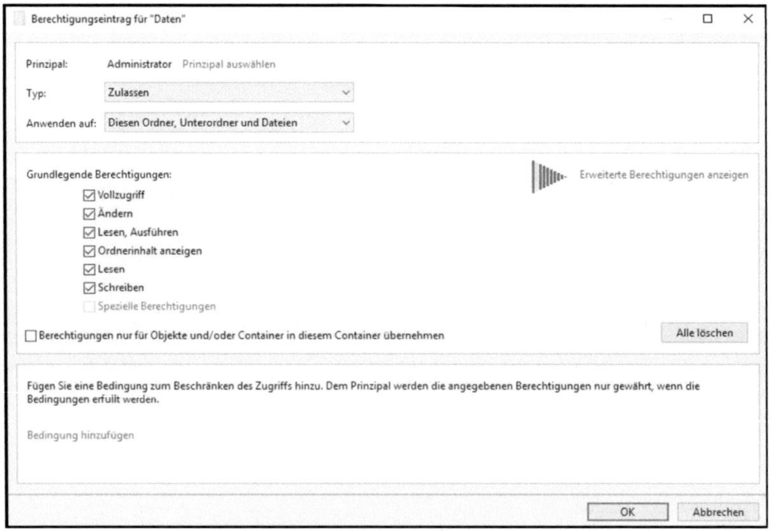

Abbildung 7.18: Die NTFS-Rechte

Die NTFS-Rechte sind eine Zusammenstellung von Einzelrechten, die dann eine sinnvolle Kombination ergeben.

Um die Einzelrechte zu sehen, klicken Sie auf „Erweiterte Berechtigungen anzeigen“.

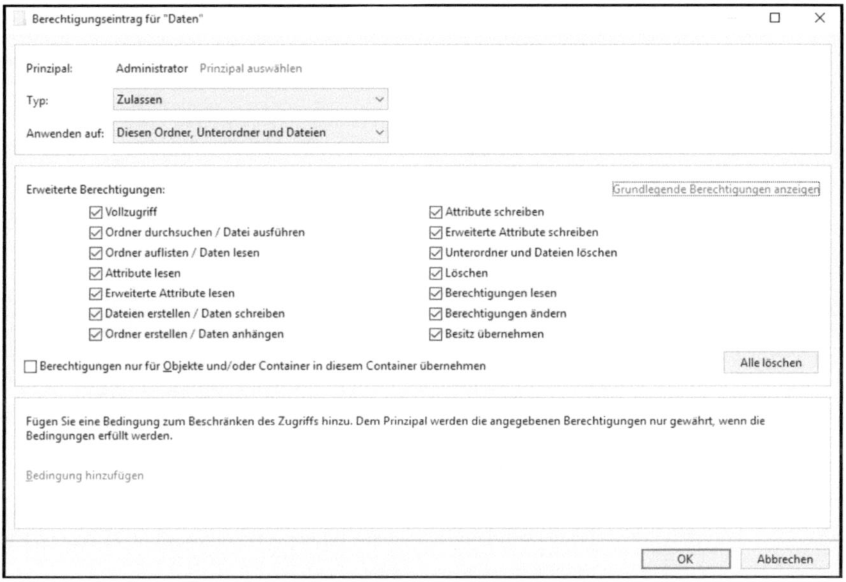

Abbildung 7.19: NTFS-Einzelrechte

Nun sehen Sie die einzelnen Rechte, aus denen sich die oben erwähnten NTFS-Rechte zusammensetzen.

Was bedeuten nun die „Speziellen Berechtigungen“?

Die Zusammenstellung der Einzelrechte zu den NTFS-Rechten ist genau definiert. Wenn Sie von dieser Definition abweichen, und es ergibt sich aus ihrer Einzelrechtkombination kein NTFS-Recht, dann wird diese Kombination als „Spezielle Berechtigungen“ geführt.

Sie sehen, die Rechtevergabe für Freigaben muss gut überlegt sein, da sie sowohl aus Freigaberechten als auch aus NFTS-Rechten bestehen sollte.

Best Practice

An dieser Stelle möchte ich Ihnen einen Tipp für die „Best Practice" geben:

Um die Ressourcen effektiv vor unberechtigtem Zugriff zu schützen, sollten Sie immer bei den Freigaberechten „Jeder – Vollzugriff" wählen.

Damit ist jede Freigabe prinzipiell über das Netzwerk erreichbar.

Alle Einschränkungen, sprich die eigentliche Rechtevergabe, nehmen Sie mithilfe der NTFS-Rechte vor.

Damit erreichen Sie, dass jeder die gleichen Zugriffsrechte auf die Ressource hat, egal, ob er lokal am Rechner sitzt oder über das Netzwerk zugreift.

Die Gruppe der Domänen-Admins sollte auf jede Ressource Zugriff haben, es sei denn, eine interne Regelung sieht etwas anderes vor.

7.5 Zugriff vom Client aus

Nun haben Sie gesehen, wie man einen Dateiserver konfiguriert und die Freigaberechte und NTFS-Rechte verwaltet.

Im letzten Schritt wollen wir noch betrachten, wie sich dies aus der Sicht des Mitarbeiters am Client darstellt.

Zunächst meldet sich der Mitarbeiter M3 an.

Dieser Mitarbeiter ist Mitglied in den Gruppen „Domänen-Benutzer“ und „Verwaltung“.

Das bedeutet, er hat keine administrativen Rechte, da er kein Mitglied einer administrativen Gruppe ist, sondern normaler Benutzer.

Auf die Freigabe „Daten“ sollte er das Recht „Lesen“ haben, also sollte er die dort befindlichen Daten lesen können, aber er sollte keine Daten ändern oder neue Daten dort speichern können.

Sie öffnen nun den Explorer und klicken auf die „Netzwerkumgebung“.

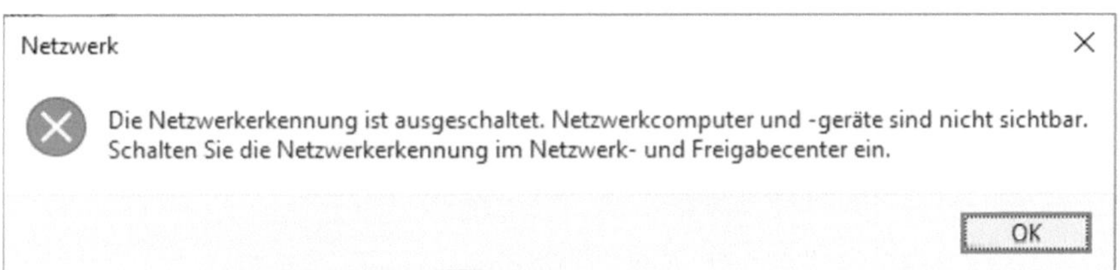

Abbildung 7.20: Netzwerkerkennung ausgeschaltet

Sie erhalten eine Fehlermeldung, dass die Netzwerkerkennung ausgeschaltet ist.

Das ist korrekt, denn das ist die Standardeinstellung. Kein Rechner im Netzwerk kann im Explorer andere Komponenten sehen, bis diese Erkennung explizit eingeschaltet wird.

Deswegen klicken Sie im oberen Bereich auf den Hinweis, um die Netzwerkerkennung zu aktivieren.

Abbildung 7.21: Aktivieren der Netzwerkerkennung

Nun erhalten Sie ein Abfragefenster, in dem die Eingabe eines Administratorkontos verlangt wird.

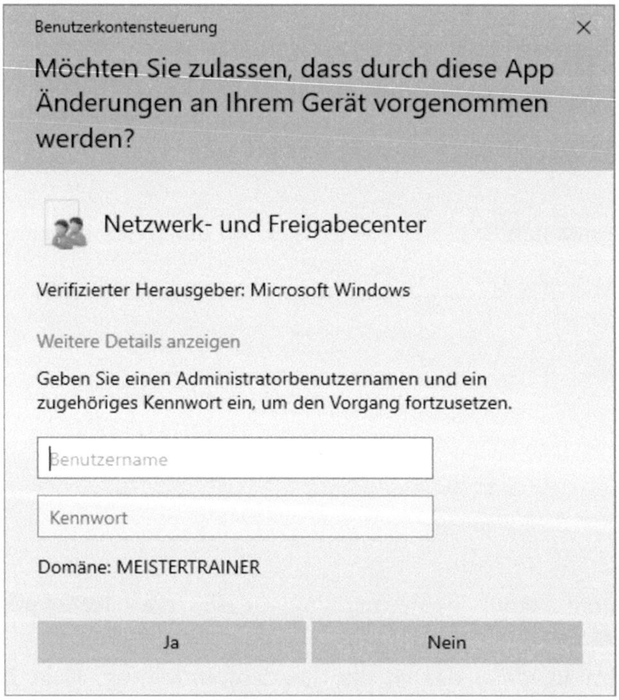

Abbildung 7.22: Abfrage

Auch das ist völlig korrekt, Sie sind als normaler Benutzer angemeldet, und möchten mit dem Einschalten der Netzwerkerkennung eine administrative Tätigkeit vornehmen.

Also muss jetzt ein Administrator seine Daten eingeben, damit die Aktion gestartet werden kann.

Das Einschalten der Netzwerkerkennung sollte auf allen Computern der Domäne vorgenommen werden, damit sich alle Rechner gegenseitig erkennen können.

Leider kann es trotzdem oft sehr lange dauern, bis Freigaben im Explorer erkennbar sind.

Zum Glück gibt es einen anderen Weg, auf Freigaben zuzugreifen.

Sie klicken im unteren linken Bereich auf „Suchbegriff hier eingeben“ und geben ein \\DC\Daten.

Das ist die genormte Schreibweise für Freigaben, \\Servername\Freigabename .

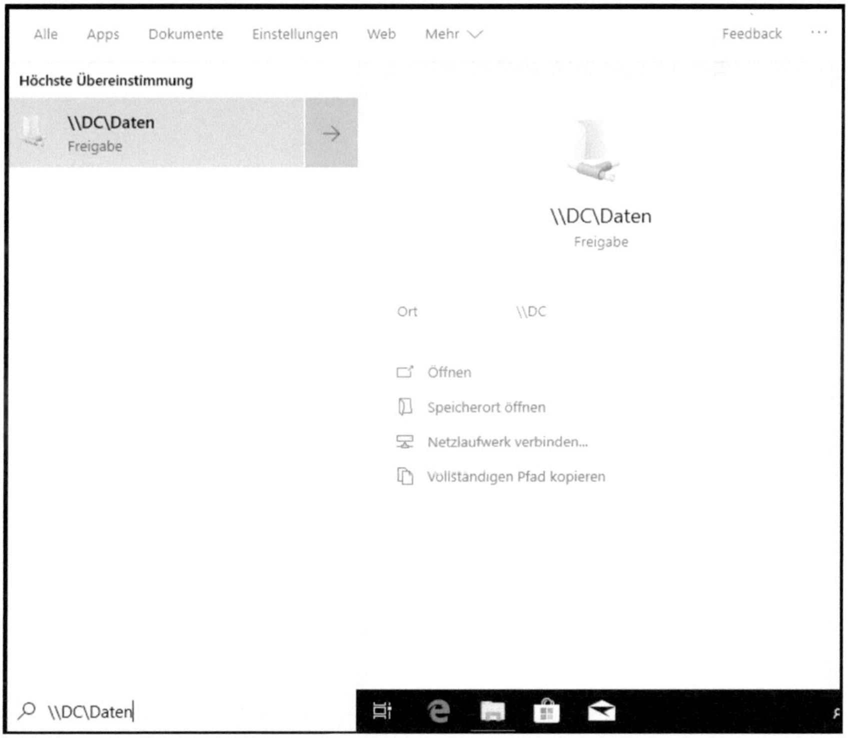

Abbildung 7.23: Verbindung im Netzwerk

Nun öffnet sich die Freigabe, und Sie sehen, dass dort bereits eine Textdatei liegt.

Sie versuchen nun, in dieser Freigabe eine neue Datei zu erstellen.

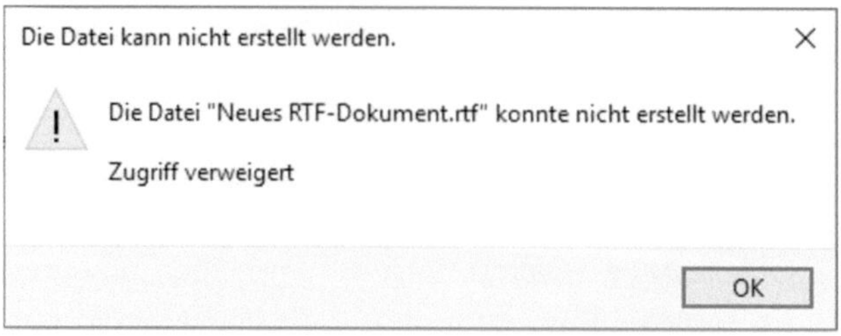

Abbildung 7.24: Datei erstellen nicht möglich

Sie erhalten eine Fehlermeldung, denn Ihre Rechte erlauben das Erstellen einer neuen Datei nicht.

Dann versuchen Sie, die vorhandene Datei zu öffnen.

Das funktioniert.

Aber wenn Sie die Datei ändern und speichern möchten, erhalten Sie wieder eine Fehlermeldung:

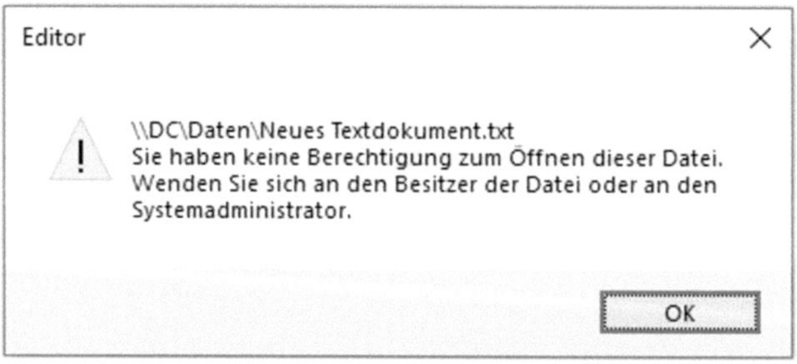

Abbildung 7.25: Speichern nicht möglich

Soweit ist alles, wie erwartet.

Ich möchte Ihnen nun noch die Möglichkeit zeigen, eine Freigabe dauerhaft auf dem Client anzeigen zu lassen, indem Sie diese Freigabe als Netzlaufwerk verbinden.

Dafür klicken Sie im Explorer mit der rechten Maustaste auf „Dieser PC“, und wählen „Netzlaufwerk verbinden“.

Abbildung 7.26: Netzwerklaufwerk verbinden

Jetzt wählen Sie den Laufwerksbuchstaben und den Pfad der Freigabe.

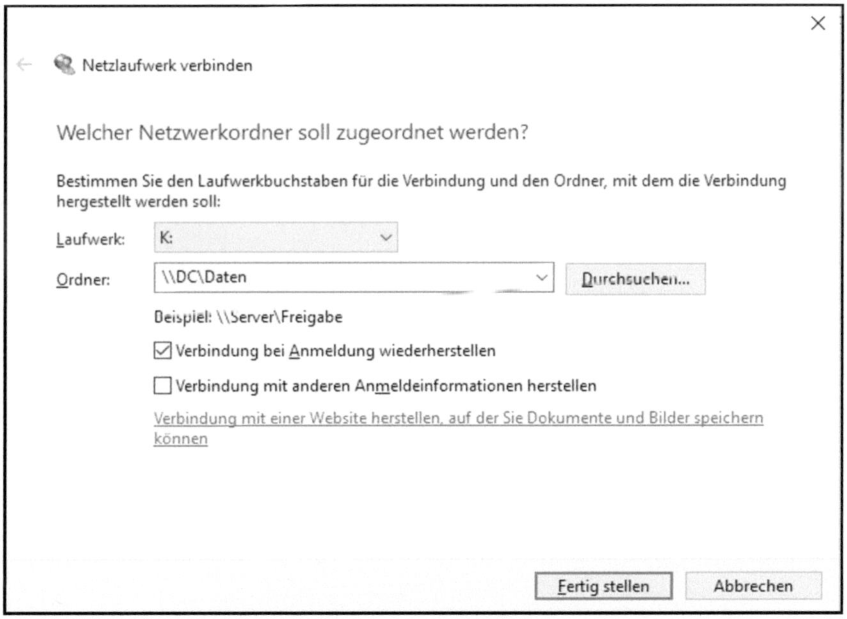

Abbildung 7.27: Auswahl des Pfades

Sinnvoll ist der Haken vor „Verbindung bei der Anmeldung wiederherstellen“.

Damit wird jedes Mal, wenn sich dieser Mitarbeiter am Rechner anmeldet, das Netzlaufwerk automatisch verbunden und taucht ab sofort immer im Explorer auf.

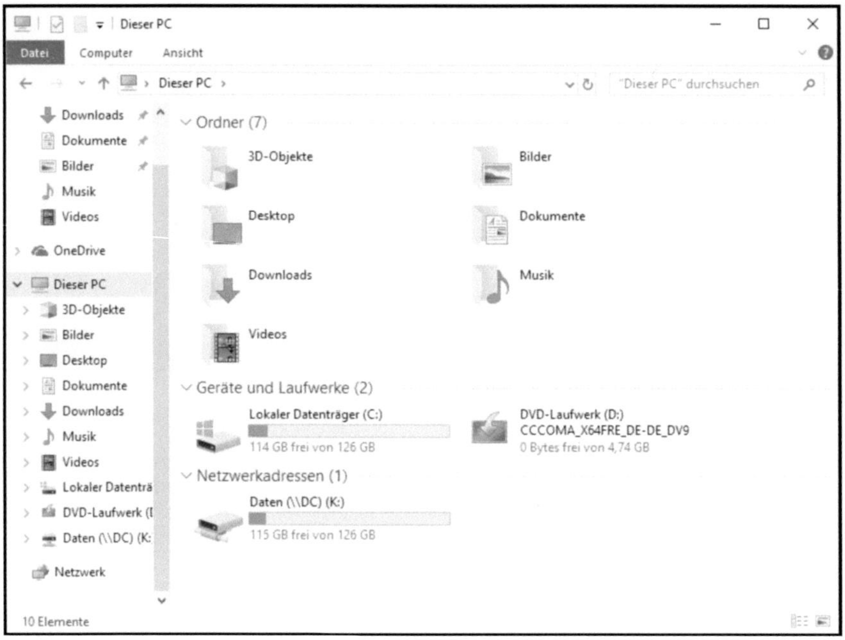

Abbildung 7.28: Verbundenes Netzwerklaufwerk

8 Spezielle Server und Drucker

8.1 Client-Server Programme

Beinahe alle Firmen arbeiten mit den bekannten Programmen, die lokal auf den Clients installiert sind. Zu diesen Programmen gehört auch Microsoft Office.

Die komplette Installation des Programms liegt auf dem lokalen Computer, und das Programm kann nun von der Person benutzt werden, die an diesem Rechner arbeitet.

Allerdings gibt es noch eine andere Art von Programmen, das sind die sogenannten Client-Server Programme.

8.1.1 Client-Server Programme

Diese Programme sind komplexer und haben eine Serverkomponente, dic auf einem Server installiert wird und dort auch die entsprechenden Daten zentral verwaltet und eine Clientkomponente, die bei allen Benutzern individuell auf den Clients installiert wird.

Die Serverkomponente wird auch Back-End genannt, die Clientkomponente Front-End.

Beispiele für diese Art von Programmen sind Auftragsbearbeitungsprogramme, bei denen eine Datenbank auf einem Server installiert wird und mehrere Arbeitsplätze die Möglichkeit haben, auf dieses Programm zuzugreifen.

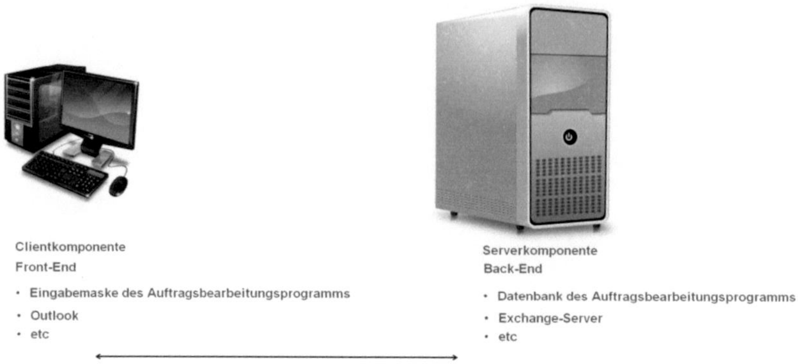

Abbildung 8.1: Client-Server Programme

Auch Microsoft bietet solche Programme an, sie nennen sich „Backoffice-Programme“.

Backoffice – Programme sind beispielsweise der Microsoft Exchange Server oder der SQL-Server.

Beide haben eine Server-Komponente, die auf einem Server installiert werden muss (beispielsweise der Exchange Server mit allen Postfächern) und eine Client-Komponente, die auf den Clients läuft, in diesem Fall Microsoft Outlook.

Beide Komponenten werden miteinander verbunden, so dass der Benutzer mit seinem Client-Front-End (Outlook) auf das Server-Back-End (Exchange-Server Postfach) zugreifen kann.

Wenn Sie Client-Server oder Backoffice Programme installieren, sollten Sie für das Back-End einen eigenen Server installieren.

Diese Vorgehensweise sorgt für größere Sicherheit in Bezug auf den Ausfall eines Servers und bietet uneingeschränkte Ressourcen für die Serverkomponente.

Nachdem das Back-End eingerichtet ist, können Sie auf den Clients die Front-Ends installieren, hierbei müssen Sie unter Umständen die Anzahl der Zugriffslizenzen auf das Back-End berücksichtigen.

8.2 Einrichten der Server – und Clientkomponente

Ich möchte Ihnen hier am Beispiel einer Bürosoftware die Einrichtung eines Client-Server Programms zeigen, und zwar der Auftragsbearbeitung vom Softwarehersteller „Hamburger Software“.

Eine solche Software wird in vielen Unternehmen benötigt, Sie können damit Rechnungen erstellen, das Lager verwalten, Kundenkontakte pflegen und vieles mehr.

Die Installation beginnt auf einem Server.

Das Setup stellt fest, ob noch Komponenten für die Installation fehlen.

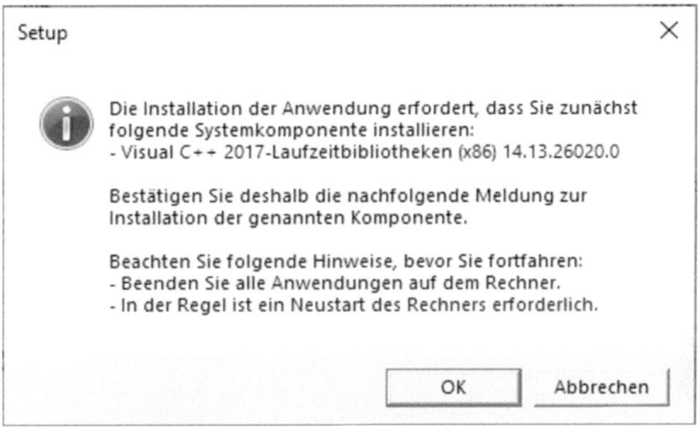

Abbildung 8.2:Fehlende Komponenten

In diesem Beispiel muss noch eine Systemkomponente nachinstalliert werden.

Danach startet die eigentliche Installation.

Abbildung 8.3: Die Installation beginnt

Wählen Sie „Anwendung neu installieren“ und bestätigen Sie danach die Lizenzvereinbarung.

Nun kommt der entscheidende Schritt.

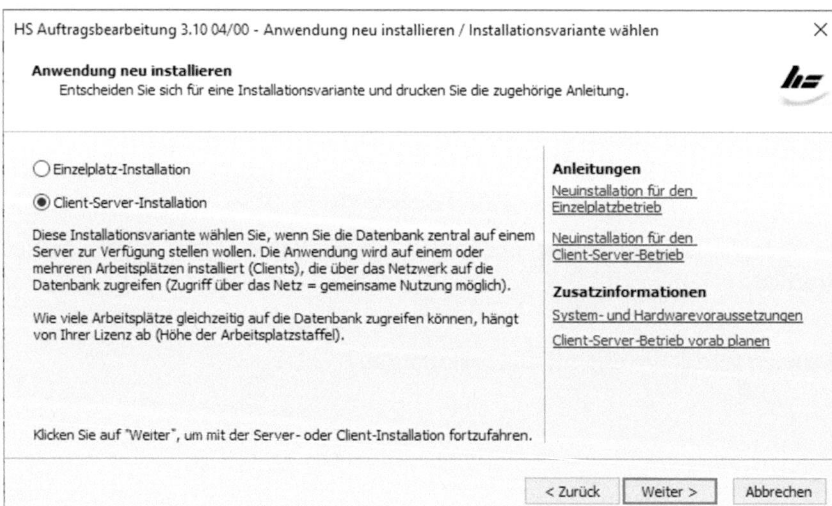

Abbildung 8.4: Client-Server-Installation

Diese Software kann sowohl als Einzelplatzinstallation ausgeführt werden, als auch als Client-Server-Installation.

Sie wählen natürlich Client-Server Installation und klicken auf „Weiter“.

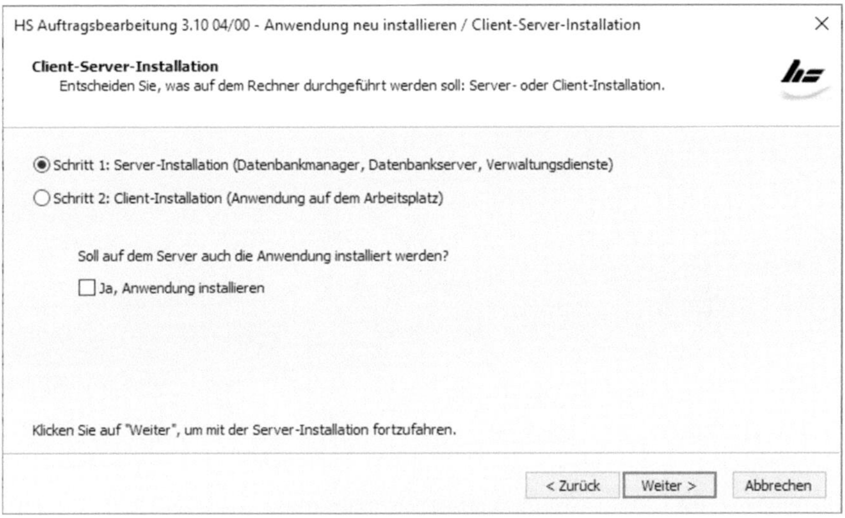

Abbildung 8.5: Schritt 1

Im ersten Schritt wird die Servervariante installiert.

Sie bestätigen das vorgeschlagene Installationsverzeichnis und den Speicherort der lokalen Daten.

Im nächsten Schritt müssen Sie eine Freigabe festlegen, auf die die Clients später zugreifen werden.

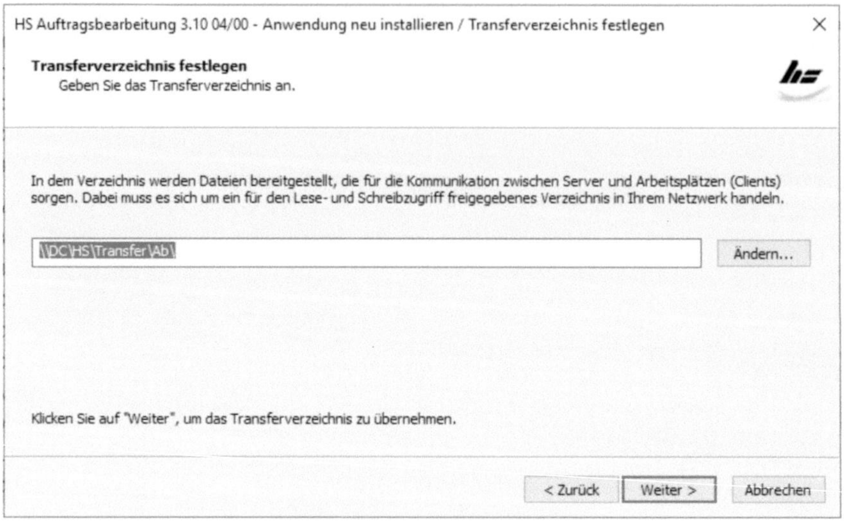

Abbildung 8.6: Verzeichnis

Sie erstellen eine Freigabe mit diesem Namen und vergeben Freigaberechte, die schreibenden Zugriff erlauben.

Danach wird die Serverkomponente ohne jeden weiteren Eingriff installiert.

8.2.1 Front-End einrichten

Nun wechseln Sie zum Client, auf dem soll nur das Front-End installiert werden.

Das Front-End wird auf allen Clients installiert, die sich mit dem Back-End verbinden sollen, auf dem die Datenbank gespeichert ist.

Die Installation beginnt genau gleich, nur, dass Sie sofort merken, dass mit einem Benutzerkonto nicht installiert werden kann. Stattdessen müssen Sie ein Konto eines Administrators eingeben.

Auch hier müssen eventuell Komponenten nachinstalliert werden.

Sie wählen wieder „Anwendung neu installieren“, bestätigen die Lizenzbedingungen und wählen „Client-Server Installation“.

Diesmal installieren Sie die Client-Version.

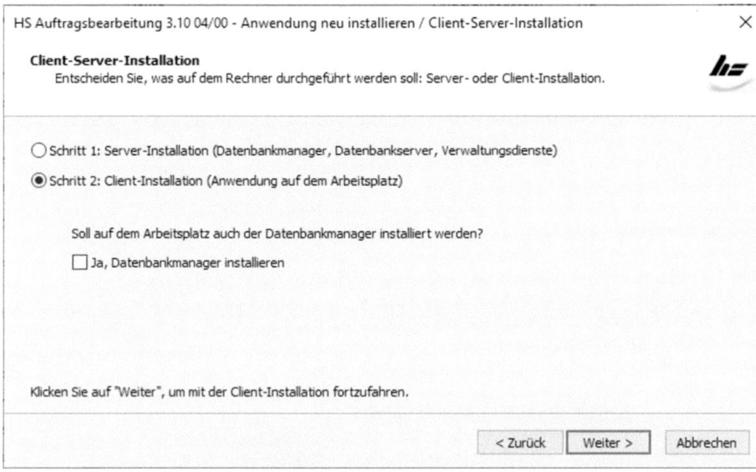

Abbildung 8.7: Client-Installation

Sie bestätigen wieder sowohl das Zielverzeichnis als auch das Verzeichnis für die lokalen Daten.

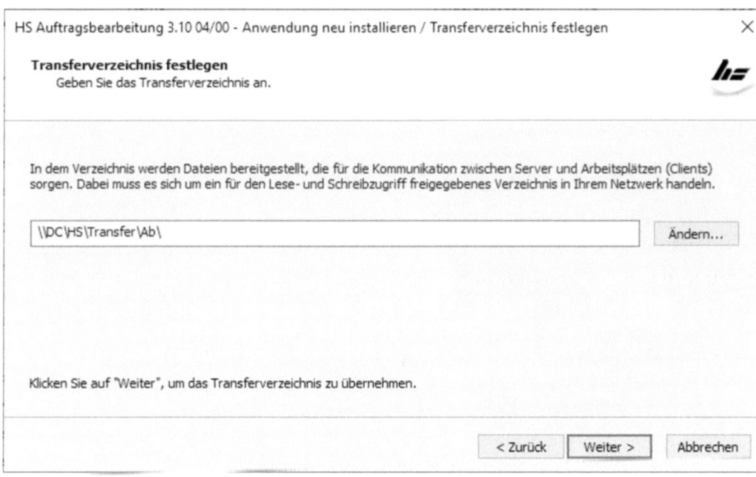

Abbildung 8.8: Transferverzeichnis

Danach geben Sie den Netzwerkpfad zum zuvor freigegebenen Datenbankverzeichnis auf dem Server an.

Nun wird das Front-End installiert und Sie können nun damit arbeiten.

8.3 Das Einrichten von Druckern

In jeder Firma werden Drucker benötigt.

Im Prinzip ist das sehr einfach, Sie kaufen einen Drucker und schließen ihn an.

Aber halt – wo schließen Sie den Drucker an?

Genau das ist das Problem, Sie haben mehrere Möglichkeiten, einen Drucker anzuschließen.

8.3.1 Lokaler Drucker

En lokaler Drucker ist ein Gerät, das mithilfe eines Kabels direkt an einem Rechner angeschlossen wird.

Dies ist meist ein USB Kabel.

Lokale Drucker sind in erster Linie für die lokale Verwendung gedacht, können aber natürlich auch für die Verwendung im Netzwerk freigegeben werden.

Abbildung 8.9: Lokaler Drucker

8.3.2 Netzwerkdrucker

Eine zweite Möglichkeit ist, dass der Drucker direkt am Netzwerk angeschlossen ist, genauso wie die Computer.

In diesem Fall wird ein Netzwerkkabel benutzt, und der Drucker ist, genau wie alle Computer, ein Netzwerkgerät. Er benötigt dann natürlich auch eine eigene IP-Adresse.

Abbildung 8.10: Netzwerkdrucker

	Lokaler Drucker	**Netzwerkdrucker**
Anschluss	Lokaler Rechner	Router
Kabel	Meist USB	Netzwerkkabel
Freigabe möglich	Ja	Ja
Zusätzliche Konfiguration	Keine	Gültige IP-Adresse
Benutzbarkeit	Nur, wenn der Rechner, an dem der Drucker angeschlossen ist, läuft	Immer
Verwaltung der Druckaufträge (wird auch als Druckserver bezeichnet)	Auf dem Rechner, an der der Drucker angeschlossen ist	Auf dem Drucker selber, meist über den Browser zu erreichender Druckserver

8.3.3 Installation lokaler Drucker

So, nun wollen wir einmal betrachten, wie ein Drucker installiert und eingerichtet wird.

Der erste Schritt ist immer, das physische Gerät anzuschließen, sei es als lokaler Drucker am USB-Anschluss oder als Netzwerkdrucker mit dem Netzwerkkabel.

Beginnen wir mit dem lokalen Drucker.

In vielen Fällen legen Sie eine Installations-CD ins Laufwerk, und der Drucker wird automatisch installiert.

Wenn das nicht der Fall ist, öffnen Sie die App „Einstellungen", „Geräte, Drucker und Scanner".

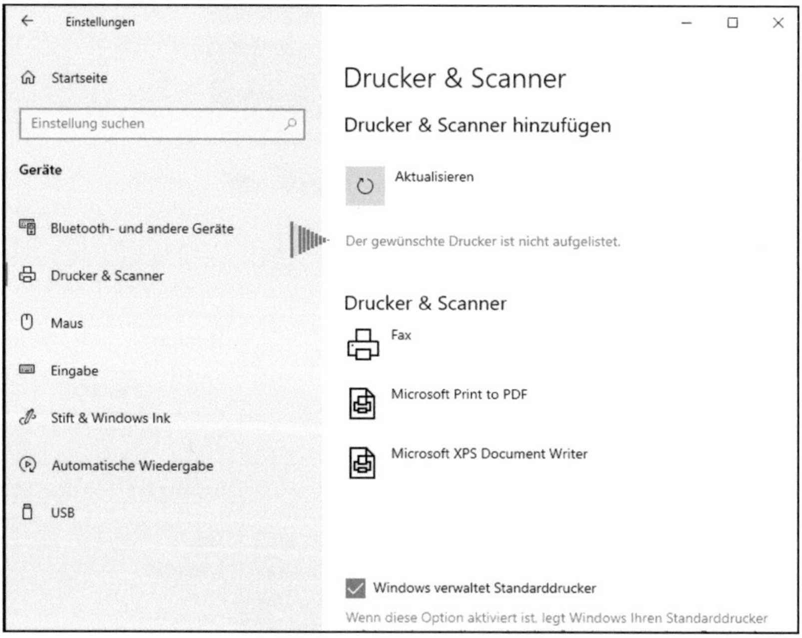

Abbildung 8.11: Lokalen Drucker installieren

Hier wählen Sie „Drucker oder Scanner hinzufügen".

Nun sucht Windows nach einem angeschlossenen Drucker. Meistens wird der Drucker gefunden und angezeigt.

Wenn nicht, können Sie auf „Der gewünschte Drucker ist nicht aufgelistet“ klicken.

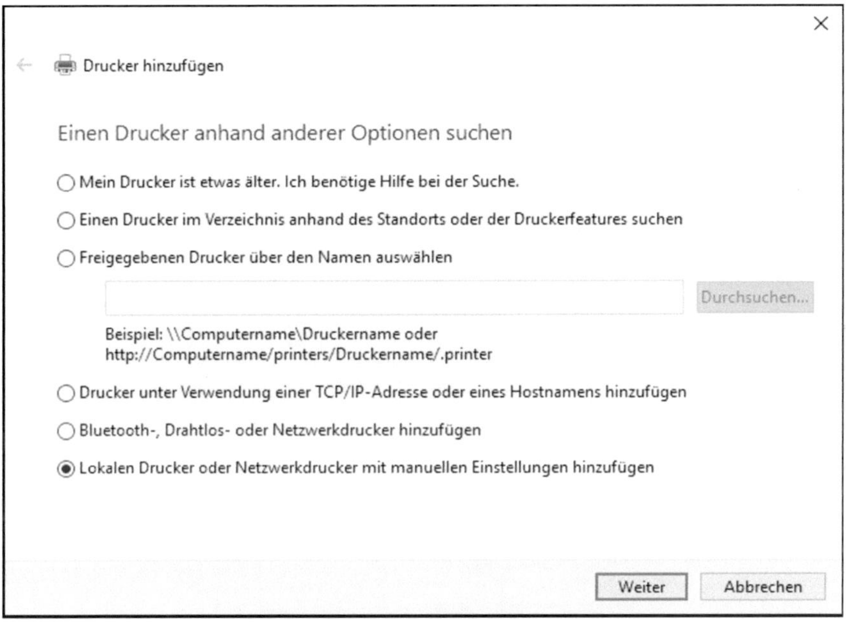

Abbildung 8.12: Drucker wird nicht angezeigt

In der Auswahl klicken Sie auf „Lokalen Drucker oder Netzwerkdrucker mit manuellen Einstellungen hinzufügen“.

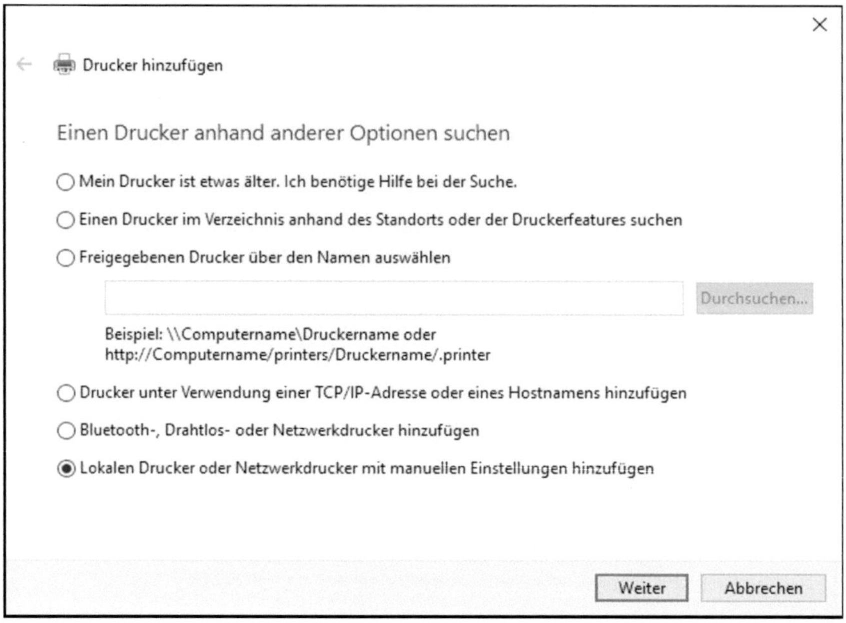

Abbildung 8.13: Auswahl

Sie wählen zunächst den Anschluss, an dem der Drucker angeschlossen ist und dann den Druckertreiber aus.

Druckertreiber sind Dateien, mit denen das Ansprechen der Drucker ermöglicht wird. Druckertreiber sind für jedes Druckgerätmodell individuell.

Danach bestätigen Sie den Druckernamen und bestätigen, dass dieser Drucker im Netzwerk freigegeben werden soll.

Damit ist der lokale Drucker installiert.

8.3.4 Installation Netzwerkdrucker

Die Installation eines Netzwerkdruckers ist abhängig vom Hersteller.

In den meisten Fällen schließen Sie den Drucker einfach mit einem Netzwerkkabel an und wählen dann einen „Verwaltungsrechner".

Auf diesem benutzen Sie die mitgelieferte Installations-CD, die Sie komplett durch die Einrichtung des Netzwerkdruckers führt.

Im Vorfeld sollten Sie bereits die IP-Adresse für den Drucker festgelegt haben, denn diese müssen Sie während der Installation angeben.

Auf dem Verwaltungsrechner bleibt meistens die Software zur Konfiguration des Netzwerkdruckers installiert.

Wie kann nun ein anderer Arbeitsplatz auf einen freigegebenen lokalen oder einen Netzwerkdrucker zugreifen und ihn benutzen?

Auch das ist einfach, Sie starten wieder die App „Einstellungen" und wählen wieder „Geräte, Drucker und Scanner".

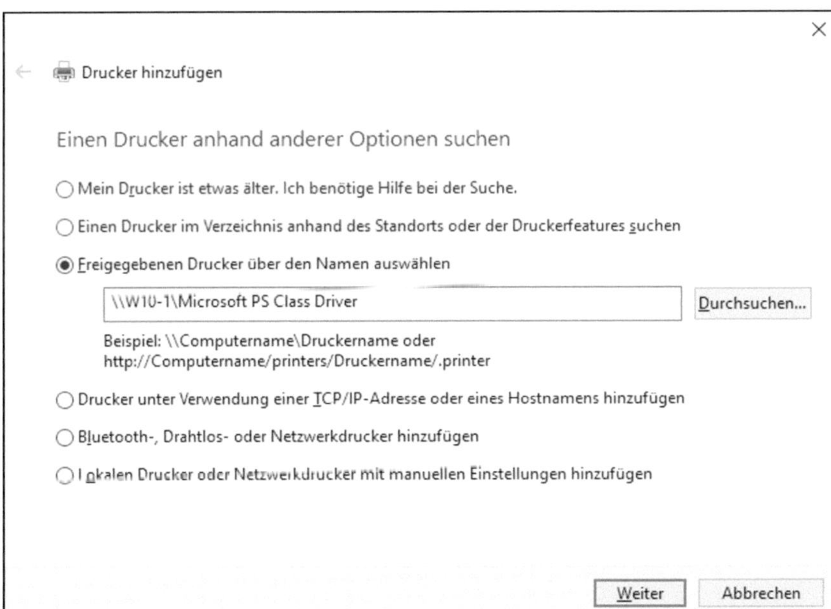

Abbildung 8.14: Netzwerkdrucker

Hier wählen Sie „Drucker oder Scanner hinzufügen".

Wenn der Drucker automatisch erkannt wird, können Sie ihn sofort hinzufügen, das wird in den meisten Fällen so sein.

Ansonsten können Sie ihn über den Namen oder über die IP-Adresse hinzufügen.

9 Sicherheit

9.1 Möglichkeiten des Sicherns des Netzwerks

Nun haben Sie ein funktionstüchtiges Netzwerk und können damit arbeiten.

Damit das auch so bleibt, sollten Sie sich im nächsten Schritt mit den Möglichkeiten befassen, Ihr Netzwerk vor Bedrohungen zu schützen.

Bedrohungen für die Funktionstüchtigkeit eines Netzwerks gibt es eine ganze Menge.

9.1.1 Datenverlust

Eine der relevantesten Bedrohungen ist der Verlust von Daten.

Um Ihre Daten zu schützen, sollten Sie eine gute Strategie entwickeln.

Einen Schritt haben Sie schon gemacht, Sie haben einen Dateiserver eingerichtet, und hier bereits für Datensicherheit gesorgt, dadurch dass Sie einen Controller verwendet haben, der die Daten auf zwei getrennte Festplatten spiegelt.

Damit haben Sie bereits einen Schutz vor Ausfall einer Festplatte.

Aber was ist, wenn dieser Server physisch aus Ihrem Zugriffsbereich entfernt wird, sei es durch Diebstahl oder durch komplette Zerstörung der Hardware, beispielsweise durch einen Brand?

Für diesen Fall sollten Sie noch eine Datensicherung in Betracht ziehen, entweder auf ein Speichermedium, das sich an einem anderen Ort befindet oder eine Sicherung in die Cloud.

9.1.2 Verlust des Betriebssystems

Eine weitere Bedrohung ist der Verlust eines kompletten Betriebssystems. Dies kann beispielweise durch einen Hardwareschaden passieren oder durch eine Verseuchung durch Viren.

Das klingt erst einmal nicht so furchtbar tragisch, kann aber viel Arbeit kosten, bis ein Arbeitsplatz oder gar ein Server wieder so installiert und eingerichtet ist, wie er vorher war.

Deswegen sollten Sie eine komplette Sicherung der Rechner erstellen, die Sie im Fehlerfall wieder einspielen können.

9.1.3 Aktualität des Betriebssystems

Weiter geht es mit der Aktualität des Betriebssystems.

Jede Windows Installation benötigt einen gewissen Wartungsaufwand. Gerade Clients sollten geregelt gewartet werden, damit sie ihre Funktion erfüllen können.

Da Windows 10 als ein Dienst betrachtet wird (Windows as a Service), ist auch das Update mittlerweile als permanente Pflege zu betrachten. Es werden nicht nur Fehler verbessert, sondern auch große Funktionsupdates werden automatisch zugewiesen.

9.1.4 Viren und Malware

Eine letzte, aber sehr gefährliche Bedrohung ist ein Angriff mit Viren und andere Malware

Bei jedem Kontakt mit der Außenwelt laufen Sie Gefahr, mit Viren und Malware in Kontakt zu kommen.

Dies geschieht beim Surfen im Internet, aber auch infizierte Datenträger, die mit in die Firma gebracht werden, können zur Gefahr werden.

Deswegen sollten Sie auf jeden Fall ein gutes Anti-Malwaretool benutzen.

9.2 Daten Sichern

Beginnen wir mit dem Sichern von Daten.

Da Sie die Daten im Normalfall auf einem Server und nicht lokal auf den Clients speichern sollten, betrachten wir, welche Möglichkeiten der Windows Server für die Datensicherung bietet.

Windows Server hat ein eigenes Sicherungsprogramm, mit dem Sie den Server mit wenig Aufwand absichern können.

Es ist ein Feature mit Namen „Windows-Server-Sicherung“ und muss über den Server-Manager installiert werden.

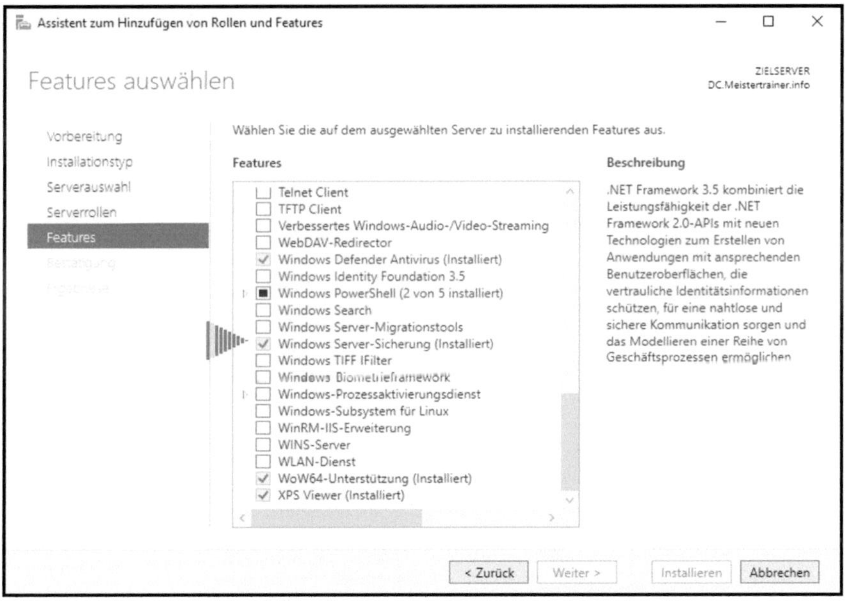

Abbildung 9.1: Windows-Server-Sicherung

Dafür wählen Sie „Rollen und Features hinzufügen“ und klicken durch den Assistenten bis zu den Features.

Auf einem Domänencontroller ist dieses Feature bereits installiert, deswegen können Sie die Installation an dieser Stelle abbrechen.

Das Programm finden Sie in den „Tools".

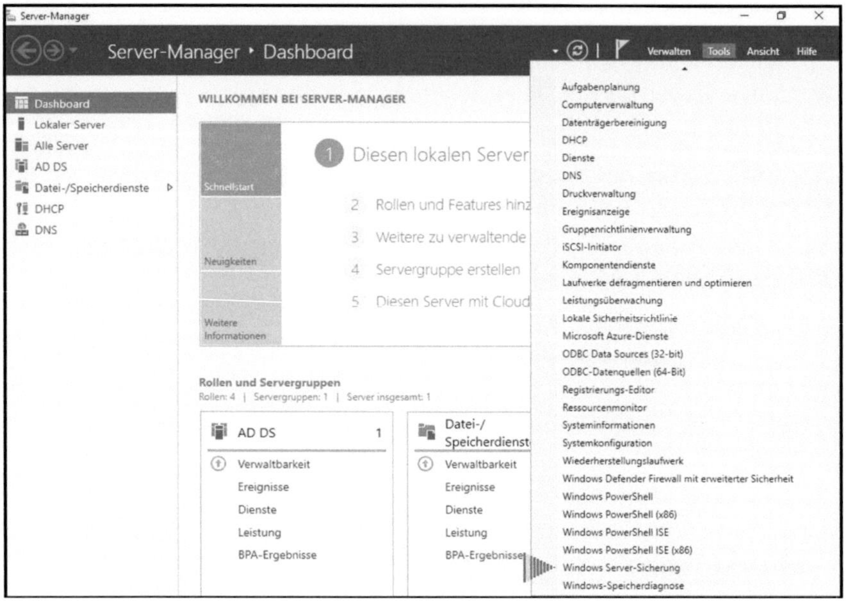

Abbildung 9.2: Programm starten

Ich möchte Ihnen zeigen, wie eine lokale Sicherung eingerichtet wird.

Sie können wählen zwischen „Einmalsicherung" und „Sicherungszeitplan".

Natürlich ist es sinnvoll, einen Zeitplan einzurichten, damit der Server dauerhaft geschützt ist.

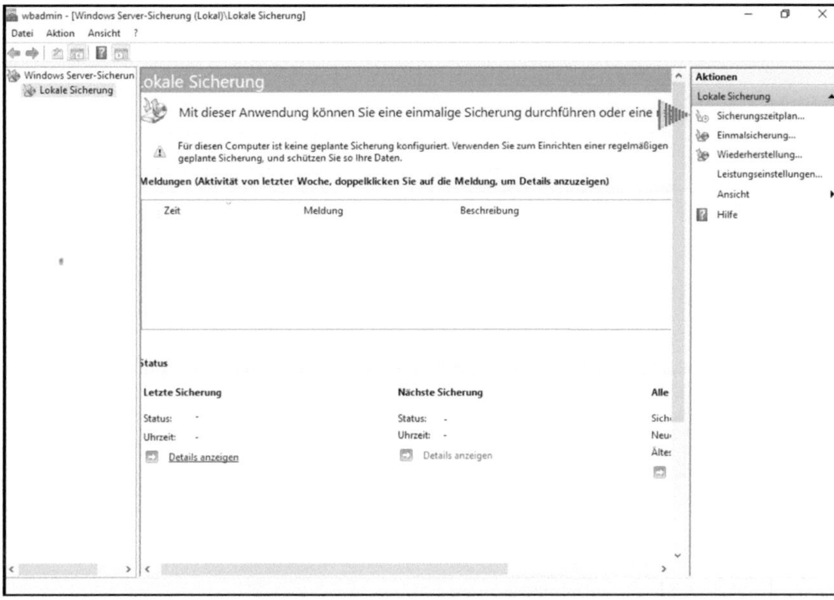

Abbildung 9.3: Sicherung einrichten

Ein Assistent startet.

Zunächst können Sie zwischen „Vollständiger Sicherung“ und „Benutzerdefiniert“ wählen.

Als erste Sicherung ist in jedem Fall eine „Vollständige Sicherung“ richtig, damit Sie den Server in Falle eines Systemausfalls wiederherstellen können.

Später können Sie nach Bedarf auch noch benutzerdefinierte Sicherungen einrichten.

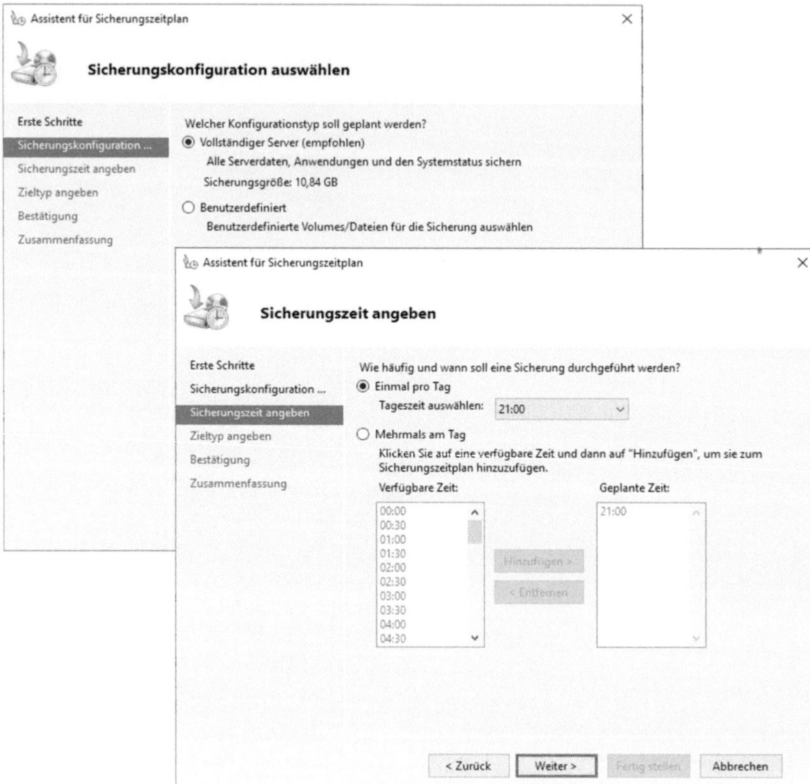

Abbildung 9.4: Sicherungskonfiguration

Im nächsten Schritt legen Sie einen Sicherungszeitplan fest.

Nun entscheiden Sie sich, wo die Sicherungen gespeichert werden sollen.

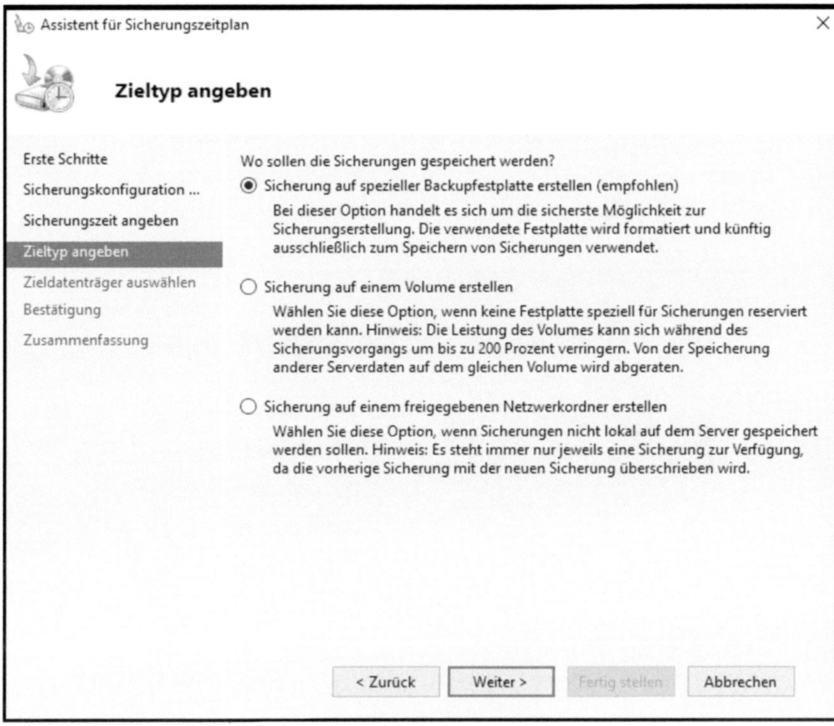

Abbildung 9.5: Speicherort

Der gebräuchlichste Weg ist es, die Sicherung auf einer externen Festplatte zu speichern.

Damit ist die Sicherung eingerichtet.

9.3 Daten wiederherstellen

Wenn der GAU eingetreten ist, und Sie müssen Daten wiederherstellen, können Sie auch das mithilfe der Serversicherung bewältigen.

Sie öffnen einfach die Windows-Server-Sicherung und wählen „Wiederherstellung“.

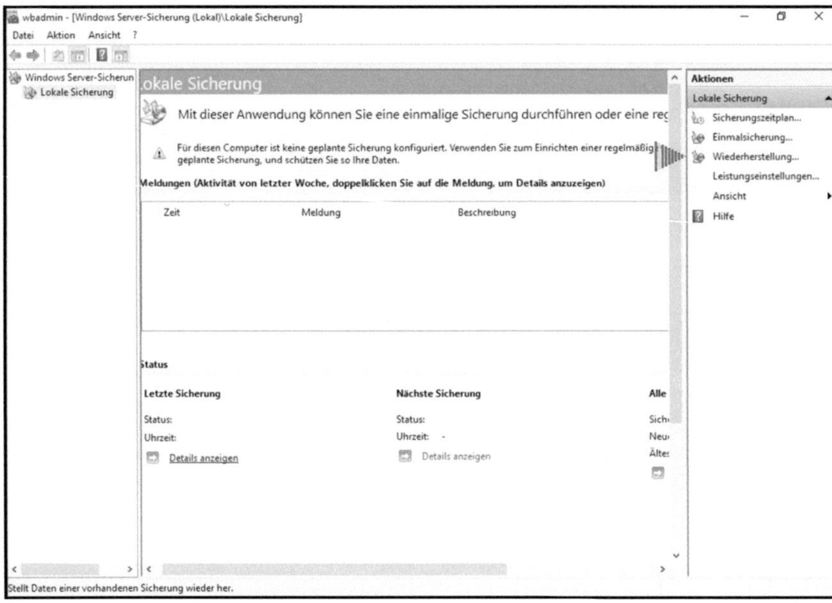

Abbildung 9.6: Wiederherstellung

Im nächsten Schritt wählen Sie aus, wo die Sicherung gespeichert ist. Wählen Sie die letzte Sicherung aus.

Nun kommt die entscheidende Abfrage.

Sie können wählen, welche Daten aus der Sicherung wiederhergestellt werden sollen.

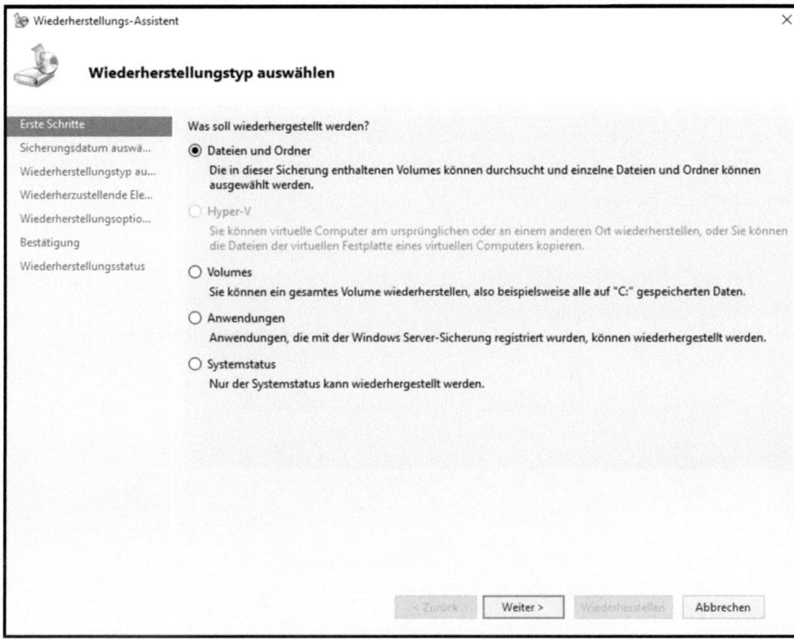

Abbildung 9.7: Wiederherstellungstyp

Hier haben Sie die Auswahl zwischen

Dateien und Ordner

Mit dieser Auswahl können Sie einzelne Dateien oder Ordner wiederherstellen.

Hyper-V

Falls Sie virtuelle Computer gesichert haben, können Sie diese wiederherstellen.

Volumes

Hiermit können Sie ganze Volumes wiederherstellen.

Anwendungen

Das ist auch eine interessante Funktion, denn damit können Sie auf dem Server installierte Anwendungen wiederherstellen.

Systemstatus

Die Systemstatusdateien sind die Dateien, die der Server benötigt, um zu funktionieren.

Je nach der Funktion des Servers sind die Systemstatusdateien verschieden. Bei einer Kombination mehrerer Funktionen werden alle relevanten Daten betrachtet.

Der letzte Schritt ist die Auswahl, an welchem Ort die Daten wiederhergestellt werden sollen.

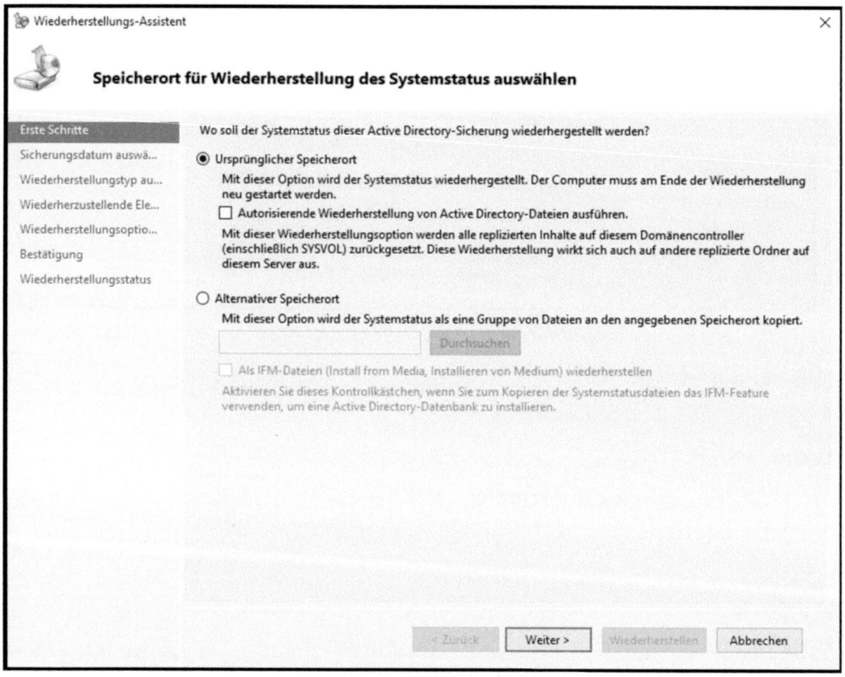

Abbildung 9.8: Speicherort

In vielen Fällen werden Sie die Daten gleich direkt am ursprünglichen Speicherort wiederherstellen wollen.

Aber es ist auch möglich, die Daten erst an einer anderen Stelle zu speichern, beispielsweise, um sie zu vergleichen.

9.4 System sichern

Im letzten Abschnitt haben Sie das Sichern und Wiederherstellen auf einem Server betrachtet. Hierbei haben Sie gesehen, dass es eine Möglichkeit gibt, Daten und auch das komplette System zu sichern.

9.4.1 Vollsicherung Client

Nun betrachten wir, wie ein Windows 10 System gesichert und im Notfall wiederherstellt werden kann.

Das System selber ist das Betriebssystem ohne die erstellten Daten. Hier wird das Sichern oft stiefmütterlich behandelt.

Warum eigentlich?

Nun, natürlich liegt das Hauptaugenmerk immer auf den Daten. Aber auch der Komplettausfall eines Systems kann sehr ärgerlich sein, oft ist es nicht so einfach, alle Programme wieder so zu installieren, wie man es benötigt. Manchmal sind auch die Zugangsdaten in den Browsern ein Problem. Jeder, der schon mal ein neues System aufgesetzt hat, weiß, wie ärgerlich das sein kann.

Also sollte man auch daran denken, das System selber zu sichern.

Dies können Sie mit Windows 10 Bordmitteln sehr einfach machen.
Wählen Sie dazu

- Systemsteuerung
- System und Sicherheit
- Sichern und Wiederherstellen (Windows 7)

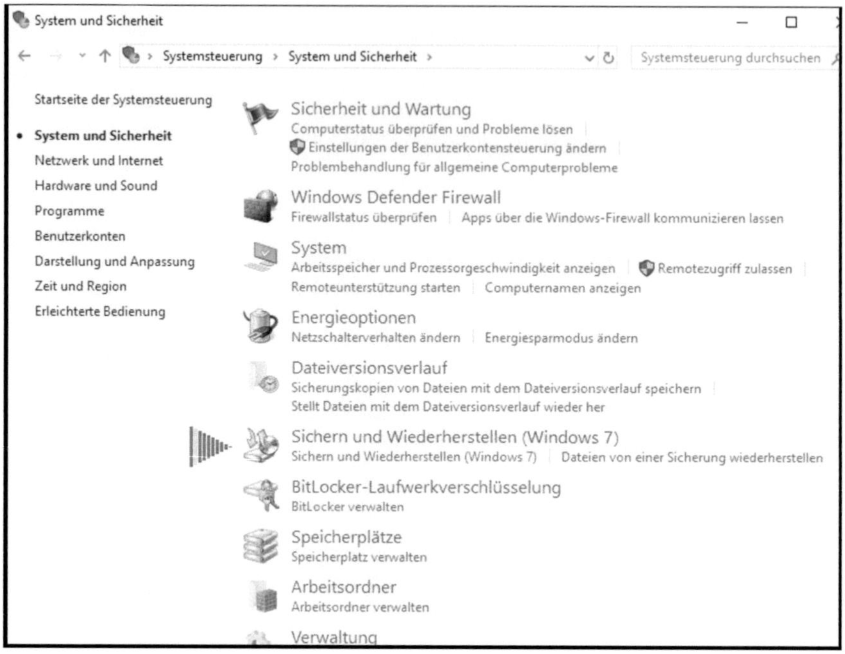

Abbildung 9.9: Sichern und Wiederherstellen

Dies ist ein abwärtskompatibles Sicherungsprogramm, es arbeitet auch noch mit Windows 7 zusammen.

Sie benötigen hier den Punkt „Systemabbild erstellen“.

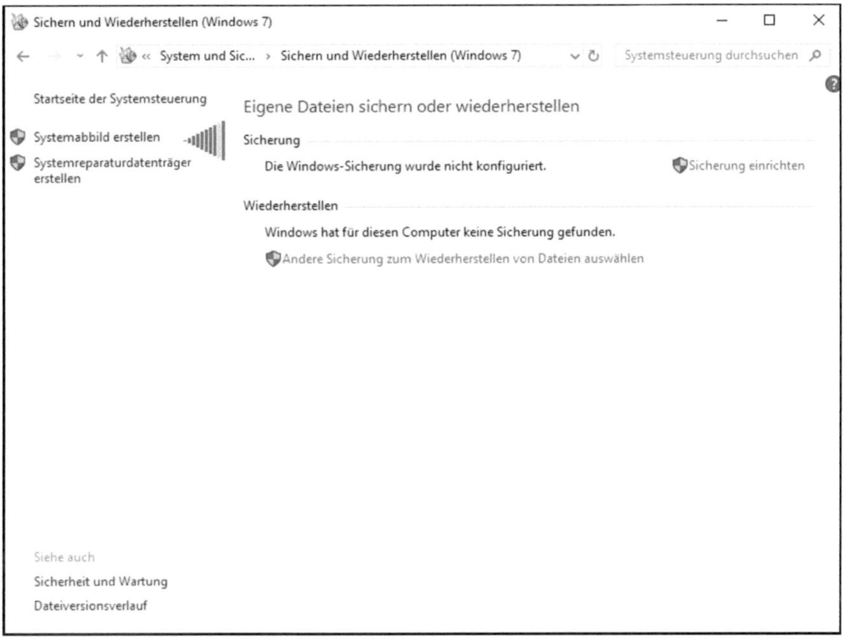

Abbildung 9.10: Systemabbild erstellen

Mit diesem Punkt erstellen Sie ein genaues Abbild des Systems, auf das Sie im Bedarfsfall zurückgreifen können.

Sie können auf Festplatte, auf DVD oder auf ein Netzwerklaufwerk sichern.

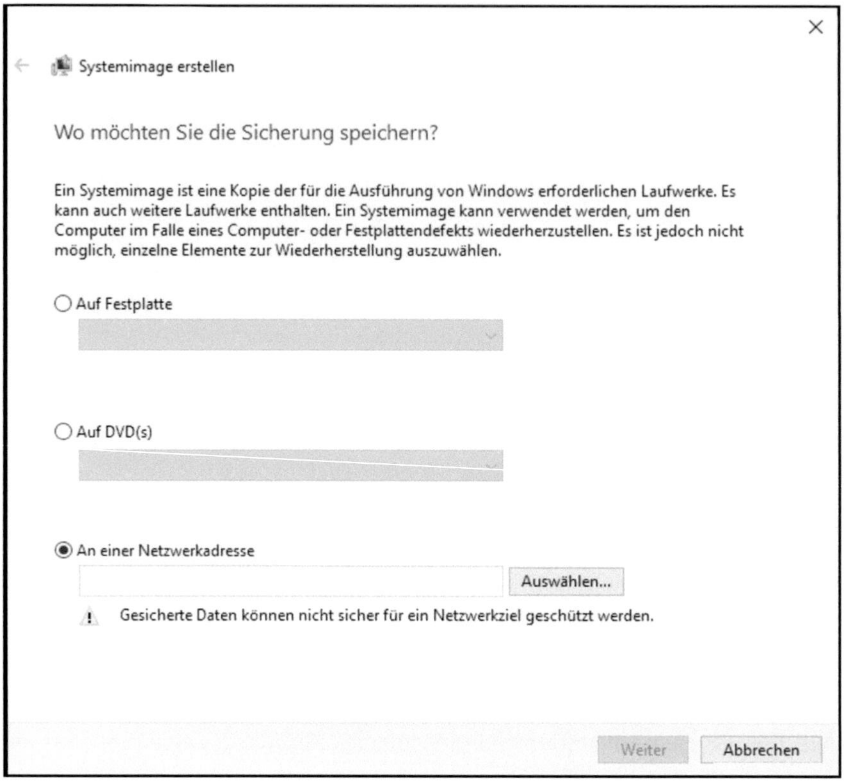

Abbildung 9.11: Sicherungsorte

Wenn Sie einen kompletten Datenträger für die Systemwiederherstellung möchten, wählen Sie „Systemreparaturdatenträger erstellen“.

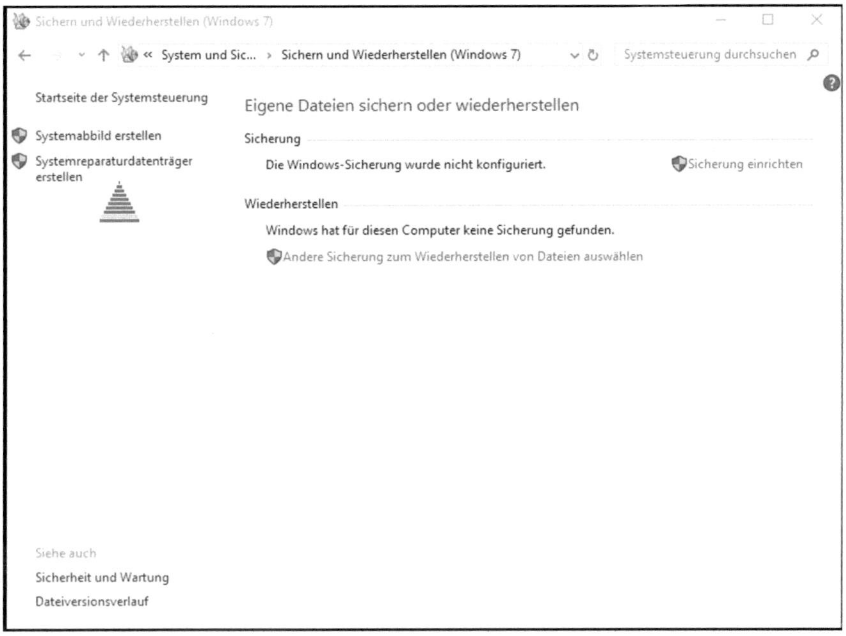

Abbildung 9.12: Systemreparaturdatenträger erstellen

Mit dieser Auswahl können Sie den Computer im Fehlerfall direkt starten und eine Wiederherstellung beginnen.

Mit diesem Tool können Sie eine Komplettsicherung des Systems erstellen, was Sie auch auf jeden Fall machen sollten. Diese Sicherung hilft Ihnen im schlimmsten Fall, wenn das System komplett zerstört ist. Betrachten Sie dies als eine Art „Basissicherung“.

9.4.2 Computerschutz

Eine weitere Methode, das System so zu sichern, dass ein bestimmter Stand wiederhergestellt werden kann, ist die Systemwiederherstellung mithilfe von Wiederherstellungspunkten.

Windows 10 hat eine automatische Überwachung, die nach der Installation auf allen Festplatten aktiviert ist.

Die Systemwiederherstellung speichert Systemeinstellungen zu einem bestimmten Zeitpunkt, etwa vor der Installation eines Programms oder eines Treibers. Dies sind die Wiederherstellungspunkte.

Sollte es nach der Installation Probleme geben, kann das System an einen Punkt zurückgesetzt werden, zu dem das System noch ohne Probleme funktioniert hat.

Diese Art der Systemsicherung ist allerdings keine Komplettsicherung, sondern sichert lediglich bestimmte Systemstände.

Die Konfigurationseinstellungen finden Sie an folgender Stelle:

- Systemsteuerung
- System und Sicherheit
- System

Abbildung 9.13: Die Systemwiederherstellung

Hier wählen Sie „Computerschutz“.

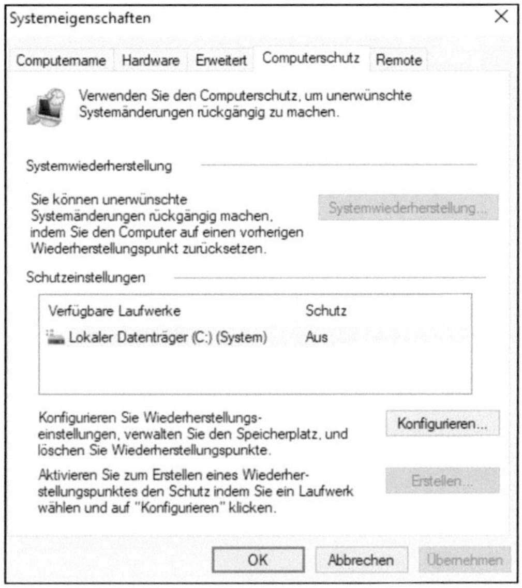

Abbildung 9.14: Computerschutzkonsole

Sie können die Parameter für die einzelnen Laufwerke getrennt voneinander konfigurieren, indem Sie auf „Konfigurieren“ klicken.

Abbildung 9.15: Einstellungen für das Laufwerk C:

Hier können Sie auch alle bisher erstellten Wiederherstellungspunkte löschen.

9.5 System wiederherstellen

Windows 10 ist ein sehr stabiles System, aber dennoch ist es möglich, dass es instabil wird. Das kann beispielsweise nach Virenbefall passieren oder nach der Installation einer ungeeigneten Software.

Nehmen wir zunächst an, das System startet noch, läuft aber nicht mehr stabil.

In diesem Fall sollten Sie zunächst eine Zurücksetzung auf einen vorherigen Zeitpunkt in Erwägung ziehen, als das System noch stabil lief.

Dies ist natürlich nur möglich, wenn regelmäßig Systemwiederherstellungspunkte erstellt worden sind.

Dafür gehen Sie in die

- Systemsteuerung
- System und Sicherheit
- Computerschutz

Abbildung 9.16: Systemwiederherstellung

Klicken Sie in der Konsole auf „Systemwiederherstellung...“.

Ein Assistent startet.

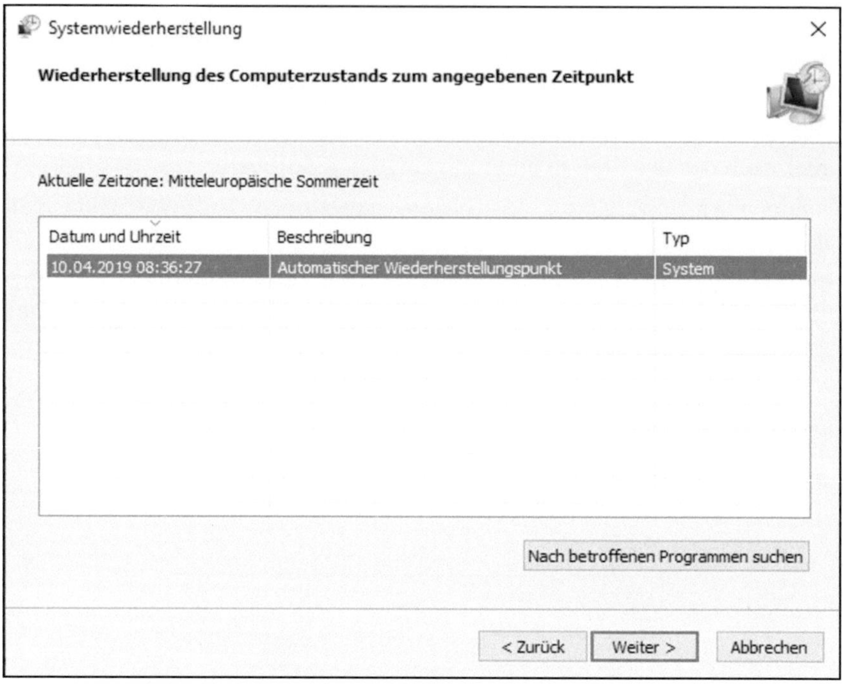

Abbildung 9.17: Systemwiederherstellung

Sie können nun einen Wiederherstellungspunkt auswählen, zu dem Sie das System zurücksetzen möchten.

Sie sollten sich aber darüber im Klaren sein, dass alle Änderungen, die Sie nach dem Erstellen des letzten Wiederherstellungspunktes am System vorgenommen haben, natürlich danach nicht mehr vorhanden sind.

Wenn Sie sich für die Wiederherstellung entscheiden, kann sie nun durch Klicken auf „Weiter“ gestartet werden.

Dies ist ein Vorgang, der nicht unterbrochen werden kann.

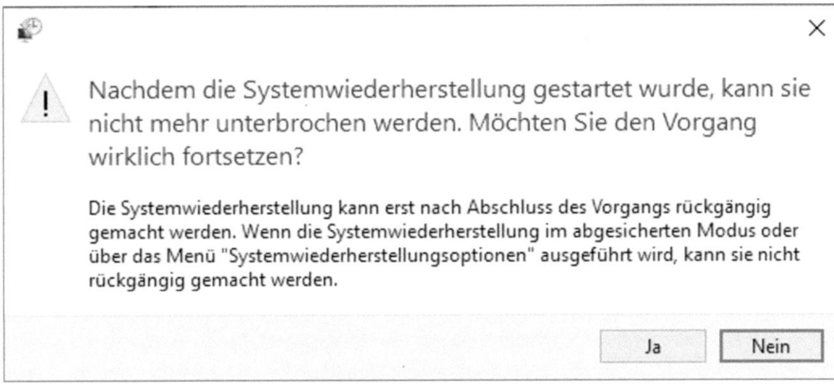

Abbildung 9.18: Warnmeldung

Nach einem Neustart steht Ihnen das System wieder zur Verfügung, zurückgesetzt auf den von Ihnen gewählten Zeitpunkt.

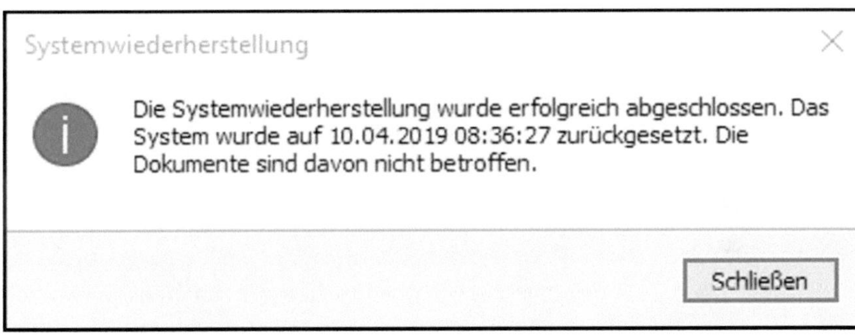

Abbildung 9.19: Systemwiederherstellung abgeschlossen

Diese Methode ist sehr schnell und einfach zu benutzen, wenn das System noch startet.

9.5.1 Starten von der DVD

Natürlich kann es auch passieren, dass das ganze System nicht mehr funktioniert.

In einem solchen Fall bleibt Ihnen nichts anderes übrig, als von der Installations-DVD aus zu starten und dort die „Computerreparaturoptionen" zu wählen.

Abbildung 9.20: Computerreparaturfunktionen

Klicken Sie auf „Problembehandlung".

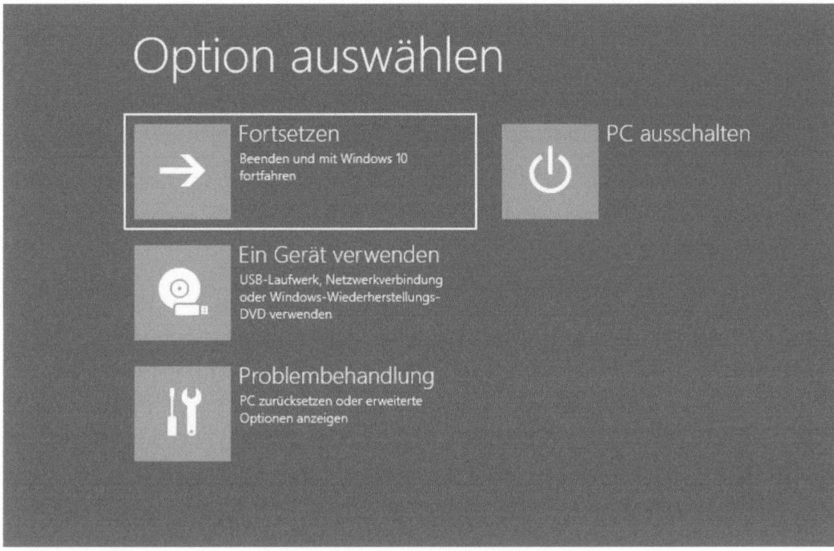

Abbildung 9.21: Problembehandlung

Hier sind für Sie in erster Linie zwei Punkte interessant:

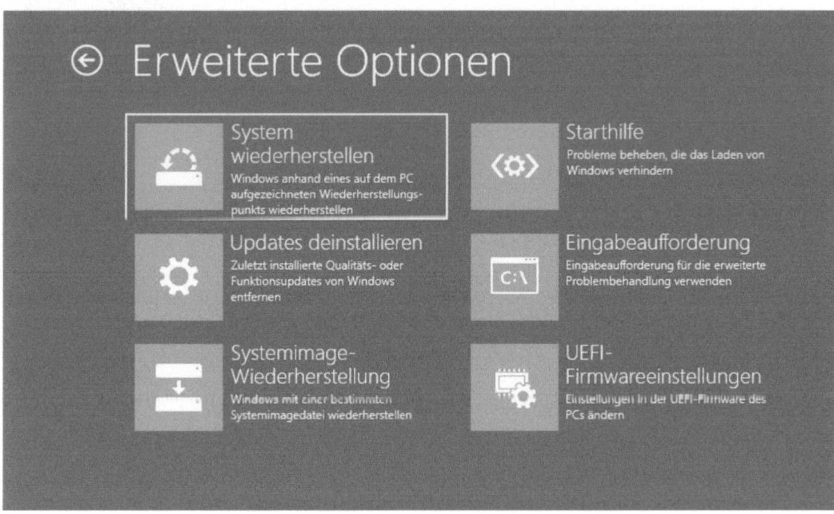

Abbildung 9.22: Erweiterte Optionen

System wiederherstellen

Windows anhand eines auf dem PC aufgezeichneten Wiederherstellungspunkts wiederherstellen

Mit dieser Option können Sie auch ein nicht mehr startendes System auf einen vorherigen Stand zurücksetzen.

Systemimagewiederherstellung

Dies ist die Zurücksetzung des Systems auf den Stand einer Systemimagedatei, die Sie zuvor erstellt haben.

9.6 Windows Update

Windows 10 ist ein Betriebssystem, das ständig verbessert und überarbeitet wird. Aus diesem Grund werden regelmäßig Updates angeboten, die zeitnah installiert werden.

Da Windows 10 als ein Dienst betrachtet wird (Windows as a Service), ist auch das Update mittlerweile als permanente Pflege zu betrachten. Es werden nicht nur Fehler verbessert, sondern auch große Funktionsupdates werden automatisch zugewiesen.

Diese Funktionsupdates gab es in früheren Versionen von Windows nicht, dafür war immer eine neue Version fällig.

All dies macht Windows 10 zu einem Betriebssystem, das ständig aktuell gehalten wird.

Allerdings haben Sie aus diesen Gründen auch nur noch eingeschränkte Möglichkeiten, den Umgang mit Updates zu konfigurieren. So können Sie die Updates nicht mehr einfach abschalten, was in früheren Versionen möglich war.

9.6.1 Updatearten

Windows 10 kennt drei Update-Arten:

Funktionsupdates

Das sind die Updates, die wir zuvor besprochen haben, sie enthalten neue Funktionen und kommen im halbjährigen Rhythmus.

Qualitätsupdates

Qualitätsupdates beseitigen Fehler und Bugs, die die Stabilität des Systems beeinflussen könnten.

Sicherheitsupdates

Mit Sicherheitsupdates werden Sicherheitslücken geschlossen.

Die Konfigurationseinstellungen finden Sie hier:

- Einstellungen
- Update und Sicherheit
- Windows Update

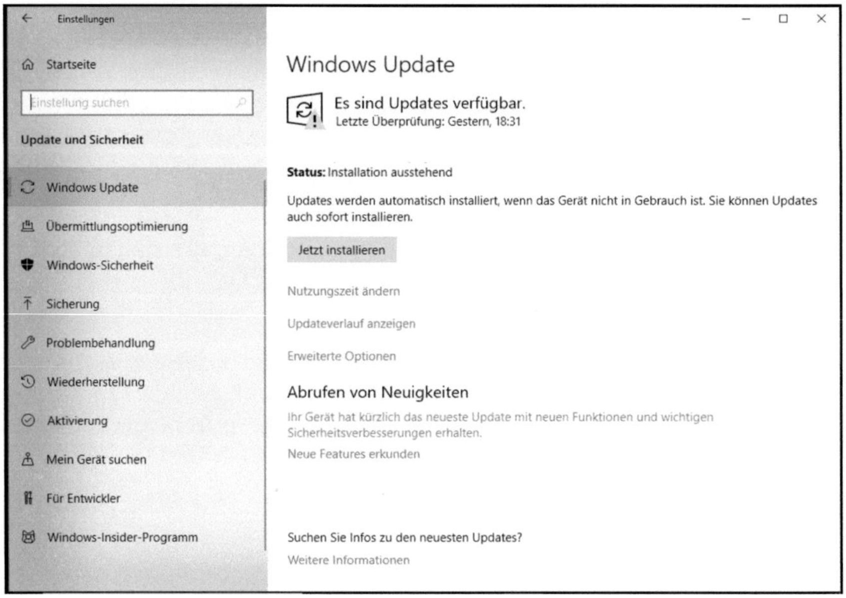

Abbildung 9.23: Übersicht

Auf den ersten Blick sehen Sie, dass vor kurzem nach Updates gesucht worden ist und dieses Update nun installiert werden soll.

Betrachten Sie nun die Konfigurationsmöglichkeiten der Reihe nach.

9.6.2 Nutzungszeit ändern

Der erste Punkt, den Sie wählen können, ist „Nutzungszeit ändern“.

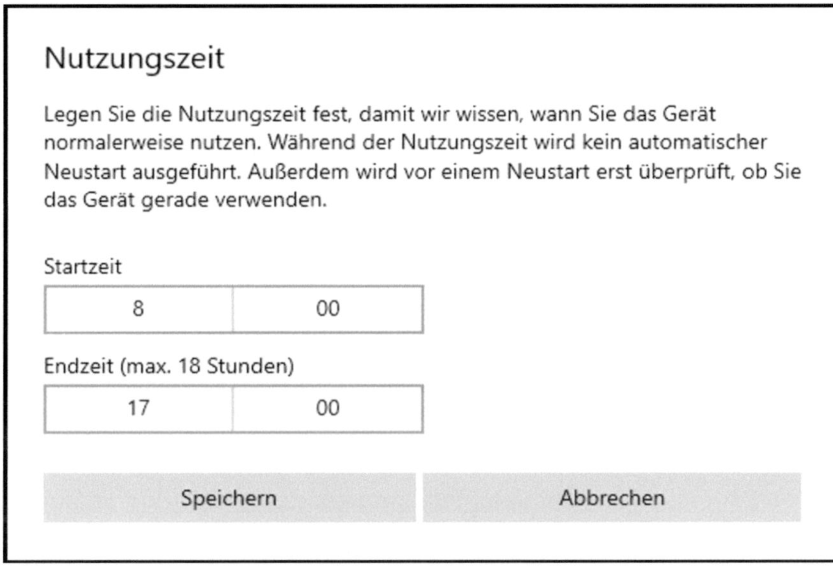

Abbildung 9.24: Nutzungszeit ändern

Nach der Installation eines Updates ist manchmal ein Neustart erforderlich.

Allerdings ist es sehr lästig, wenn ein Rechner während der Arbeitszeit plötzlich einen Neustart macht und den Benutzer in seiner Arbeit stört.

Deswegen können Sie an dieser Stelle die Arbeitszeiten festlegen, ein Neustart erfolgt immer außerhalb dieser Zeiten.

9.6.3 Updateverlauf anzeigen

Windows 10 bietet Ihnen mit dem „Updateverlauf“ eine Aufzeichnung, welche Updates auf Ihrem System installiert sind.

Die Historie der Updates ist hier gegliedert nach Typen aufgelistet.

Sie sehen das Datum, den Namen, die Nummer und ob das Update fehlerfrei installiert worden ist.

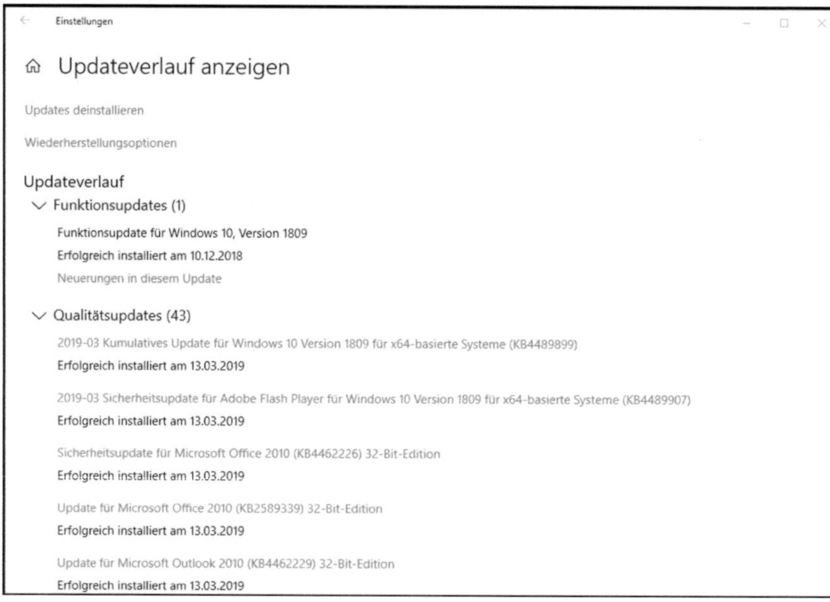

Abbildung 9.25: Updateverlauf

Wenn Sie auf ein Update klicken, öffnet sich der Browser und Sie können Details erfahren.

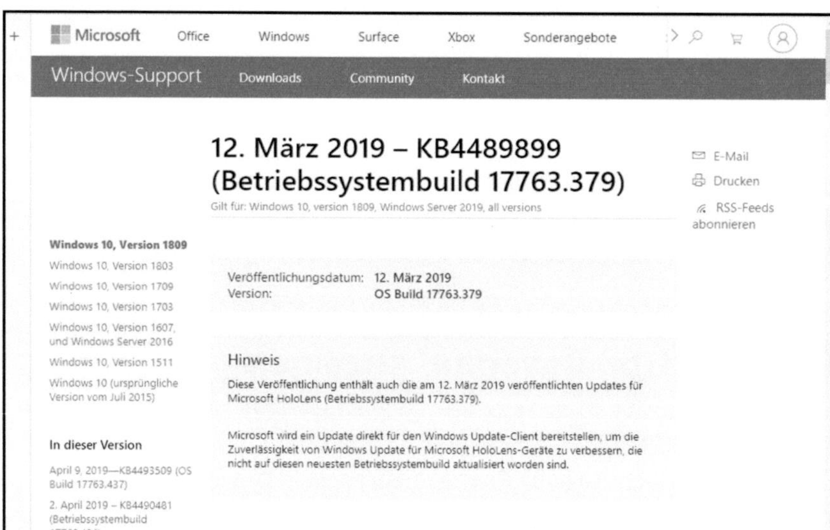

Abbildung 9.26: Details

9.6.4 Erweiterte Optionen

An dieser Stelle können Sie zunächst festlegen, ob Sie auch andere Microsoft-Updates erhalten und ob Sie eine Benachrichtigung erhalten möchten, wenn ein Neustart aussteht.

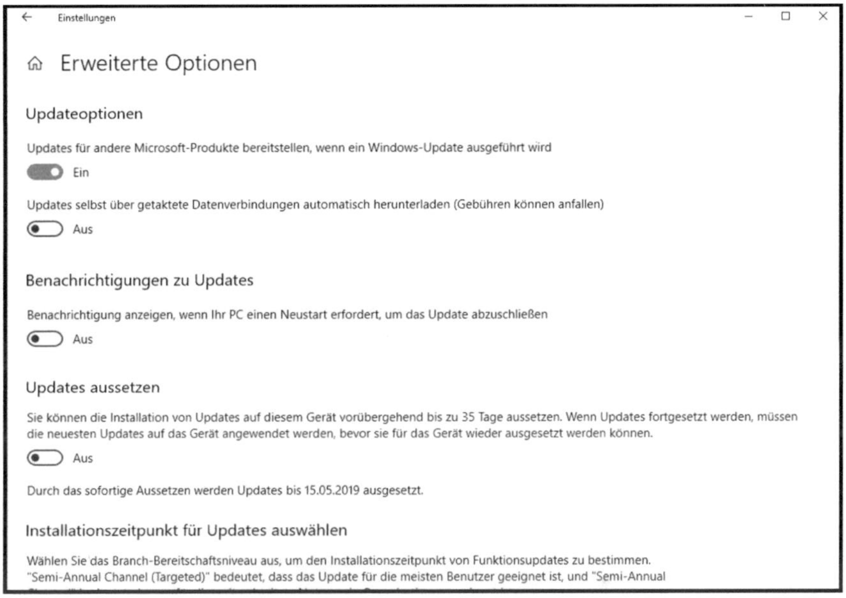

Abbildung 9.27: Erweiterte Optionen

Der nächste Punkt ist das Aussetzen von Updates bis zu 35 Tagen.

Das „Aussetzen von Updates“ für alle Updates gültig.

Diese Funktion gibt es bei Windows 10 Home nicht.

Wenn Sie eine der professionellen Windows 10 Editionen haben, können Sie Updates bis zu 35 Tagen aussetzen.

Nach Ablauf dieser Zeit werden alle aktuellen Updates installiert.

Erst wenn der Rechner wieder auf dem aktuellen Stand ist, kann das Aussetzen erneut aktiviert werden.

Installationszeitpunkt für Updates auswählen

Nun kommen wir zu dem wichtigen Punkt „Installationszeitpunkt für Updates auswählen“.

Abbildung 9.28: Installationszeitpunkt

Um den verschiedenen Anforderungen der verschiedenen Kunden gerecht zu werden, hat Microsoft für die Ausrollung von Funktionsupdates verschiedene Channels geschaffen.

In den erweiterten Optionen der Windows-Update Konfiguration können Sie, je nach Edition, unter verschiedenen „Channels“ wählen.

“Semi-Annual Channel (Targeted)" - früher "Current Branch”

Dies ist die Standardeinstellung.

Die Funktionsupdates werden sofort nach Erscheinen zugewiesen. Damit sind diese Rechner die ersten, die ein Update erhalten.

“Semi-Annual Channel“ - früher "Current Branch for Business"

Diese Auswahl steht in den Editionen “Pro, Education und Enterprise” zur Verfügung.

Bei dieser Auswahl wird das Funktionsupdate erst ausgeliefert, wenn Microsoft sich absolut sicher ist, dass es funktioniert und keine Probleme mehr machen wird.

Dies kann bis zu vier Montate nach dem Erscheinen sein.

Es gibt noch eine weitere Variante, die nur auf spezieller Hardware verfügbar ist.

„Long-Term-Servicing Channel“ - früher „Long Term Servicing Brunch“

Diese Variante steht nur in einer speziellen Windows-Version, der Windows 10 Enterprise LTSB-Edition, zur Verfügung, und ist nur für Geräte gedacht, die selten oder nie Updates benötigen, da sie statisch genutzt werden.

Das betrifft in erster Linie Rechner, die beispielsweise medizinische Geräte, POS-Systeme und Geldautomaten steuern.

Auch ist es beim „Long-Term-Servicing Channel“ möglich, 10 Jahre ohne Updates zu bleiben.

Benutzer der Home-Editition haben keine Möglichkeit, die Installation von Updates zu beeinflussen.

Benutzer der Business-Editionen dagegen können nicht nur die Funktionsupdates beeinflussen, sondern auch bis zu einem bestimmten Maß die anderen Update-Typen.

Funktionsupdates können bis zu 365 Tage verschoben werden

Obwohl Sie schon die Möglichkeit haben, duch Wechsel des Channels ein Funktionsupdate erst später zu erhalten, können Sie die Installation noch einmal bis zu maximal 365 Tage, also ein Jahr, verschieben.

Qualitätsupdates können bis zu 30 Tage verschoben werden.

9.6.5 Übermittlungsoptimierung

Dieses Tool erlaubt Ihnen, die Art zu konfigurieren, wie die Updates an den PC geliefert werden. Die Zuweisung von Updates kann stark beschleunigt werden, wenn das Update beispielsweise einmal heruntergeladen und auf einem Rechner im Netzwerk gespeichert wird.

Die anderen Rechner im Netzwerk können dann ihre Updates von diesem Rechner aus empfangen.

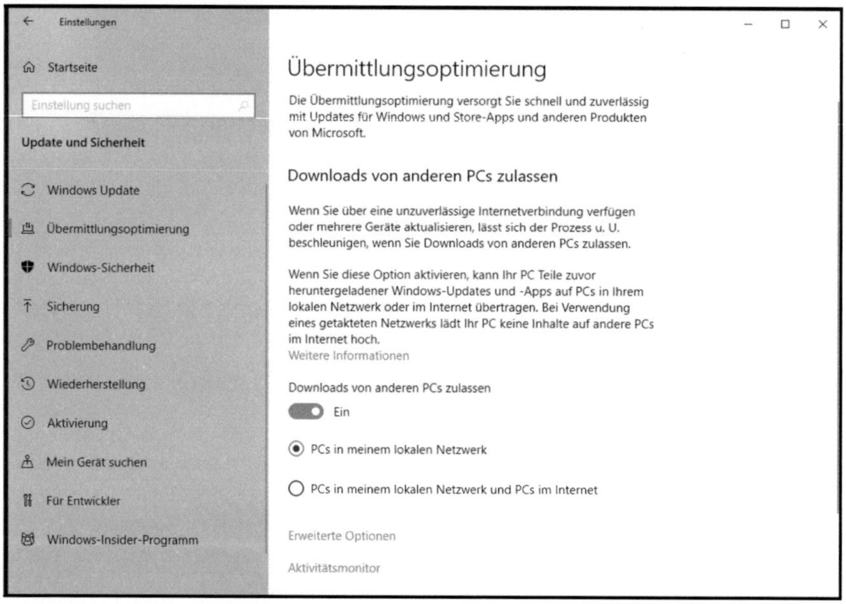

Abbildung 9.29: Übermittlungsoptimierung

9.7 Windows-Sicherheit (Defender)

Im Internet gibt es Millionen von Viren und Malware und täglich werden es mehr.

Damit Sie nicht einem Anriff zum Opfer fallen, müssen Sie einen guten Schutz auf allen Rechnern im Netzwerk installieren.

Dafür gibt es eine Reihe von Anbietern, die alle sehr gute Virenscanner anbieten.

Es gibt aber auch die „Windows-Sicherheit", das ist ein Tool, das mit Windows 10 ausgeliefert wird.

Das Tool finden Sie in der App „Einstellungen" unter „Update und Sicherheit", „Windows-Sicherheit".

Klicken Sie auf „Windows-Sicherheit öffnen"

Abbildung 9.30: Windows-Sicherheit

Sie sehen einen Überblick über die Windows-Sicherheit.

Auf der linken Seite sehen Sie sieben Abschnitte für die Konfiguration der Windows-Sicherheit.

Viren- und Bedrohungsschutz
Hier finden Sie alle Einstellungen rund um den Virenschutz

Kontoschutz
Hier sind die Einstellungen, die die Anmeldung mit einem Microsoft-Konto betreffen und auch Windows Hello

Firewall- und Netzwerkschutz
An dieser Stelle können Sie auf die Firewall Einstellungen zugreifen

App- und Browsersteuerung
Hier geht es um die Überprüfung von Apps und um den Smartscreenfilter

Gerätesicherheit
Die betrifft die Gerätesicherheit durch Kernisolierung und sicheren Start

Geräteleistung- und integrität
An dieser Stelle werden Berichte über die Integrität des Rechners bereitgestellt

Familienoptionen
Hier können Sie den Rechner für alle Familienmitglieder absichern, beispielsweise durch bestimmte Sperren.

Sie sollten sich ein wenig Zeit nehmen und alle Einstellungen einmal genauer betrachten.

9.7.1 Viren- und Bedrohungsschutz

Wir konzentrieren uns aber im Moment auf Viren- und Bedrohungsschutz.

Abbildung 9.31: Viren- und Bedrohungsschutz

Im oberen Teil sehen Sie unter dem Stichwort „Aktuelle Bedrohungen“ eine Zusammenfassung der letzten Schnellüberprüfung.

Hier kann auch jederzeit manuell eine Schnellüberprüfung gestartet werden, sie läuft dann im Hintergrund und Sie können problemlos weiterarbeiten.

Einstellungen für Viren- und Bedrohungsschutz

Hier können Sie den Echtzeitschutz ein- und ausschalten.

Abbildung 9.32: Echtzeitschutz

Sie sehen hier auch noch die Einstellungen „Cloudbasierter Schutz“ und „Automatische Übermittlung von Beispielen“.

Der cloudbasierte Schutz funktioniert am besten, wenn auch „Automatische Übermittlung von Beispielen“ aktiviert ist.

Gerade bei Anwendungen in der Cloud ist Microsoft sehr stark darauf angewiesen, immer auf dem letzten Stand zu sein, um die Virendefinitionen zeitnah aktualisieren können.

Dadurch, dass Sie die Übermittlung von Beispielen aktivieren, senden Sie hilfreiche Informationen an Microsoft, die dann in die Updates einfließen können.

Ausschlüsse

Sie können auch Ausnahmen definieren, so dass bestimmte Dateien oder Laufwerke nicht gescannt werden.

Abbildung 9.33: Ausschlüsse und Benachrichtigungen

An dieser Stelle können Sie auch die Benachrichtigungen ausschalten.

Allerdings werden Sie auch dann über wichtige Vorgänge, wie einen Malwareangriff informiert, wenn die Benachrichtigungen deaktiviert sind.

Vielleicht möchten Sie wissen, welche Bedrohungen in der Vergangenheit bereits auf den Rechner eingewirkt haben.

Dazu klicken Sie auf „Bedrohungsverlauf".

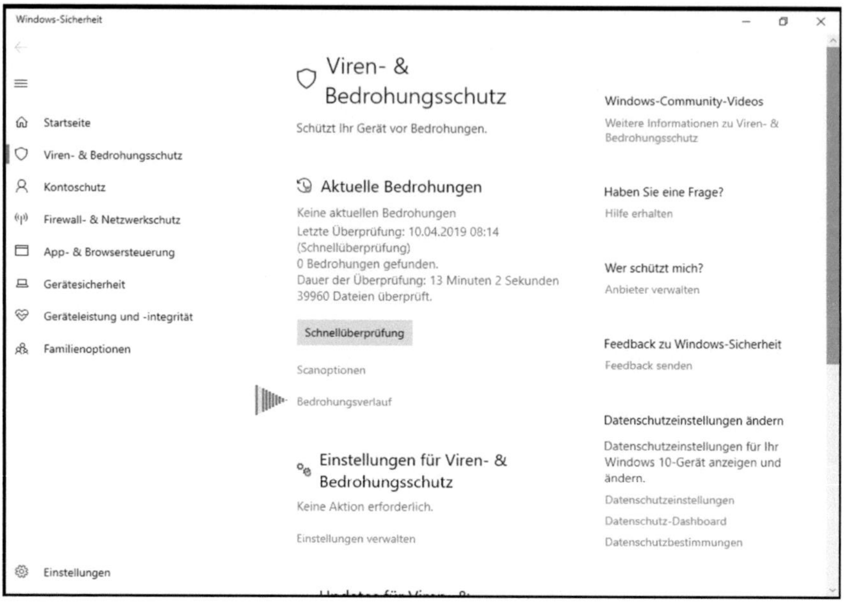

Abbildung 9.34: Bedrohungsverlauf

Sie sehen hier noch einmal eine Zusammenfassung des momentanen Zustands.

Trotzdem kann es sein, dass in der Vergangenheit Bedrohungen in Quarantäne geschoben oder gelöscht worden sind.

Dies würde in „Bedrohungen unter Quarantäne“ angezeigt werden.

9.7.2 Zusammenfassung der Windows-Sicherheit

In früheren Versionen von Windows 10 hieß die Windows-Sicherheit „Windows Defender Security Center".

Es ist ein Echtzeit Anti-Malware Schutz.

Microsoft hat die „Windows-Sicherheit" laufend weiterentwickelt und an die aktuellen Gegebenheiten angepasst. Mittlerweile ist sie ein sehr guter Anti-Malware-Schutz für Windows 10.

Die „Windows-Sicherheit" läuft im Hintergrund und stellt den Benutzern nicht nur den Schutz gegen Malware, sondern auch gegen Viren und Würmer zur Verfügung.

Sie bemerken dieses Tool nur, wenn Sie benachrichtigt werden.

Diese Fälle sind

- Wenn Malware versucht, sich zu installieren oder
- Wenn Programme Sicherheitseinstellungen ändern wollen.

Die „Windows-Sicherheit" scant automatisch und kann verdächtige Dateien in einen Quaratänebereich schieben oder sofort löschen.

Eine wichtige Funktion ist auch, dass die „Windows-Sicherheit" immer dafür sorgt, dass Sie ein funktionierendes Anti-Malware- und Antivirentool zur Verfügung haben:

Wenn Sie die „Windows-Sicherheit" ausschalten, wird sie automatisch vom Betriebssystem wieder eingeschaltet.

Allerdings falls Sie ein Tool eines Fremdherstellers benutzen, wird die „Windows-Sicherheit" deaktiviert und das andere Tool wird benutzt.

Index